KB037861

박정호의

이기는 창업

EBS 클래스ⓔ 비지니스

박정호의
이기는 창업

박정호 지음

| 서문 |

창업하는 당신을 응원합니다

어떤 의미에서 볼 때, 우리는 모두 '예비 창업자'다. 평생직장이라는 개념은 점차 사라져가는데, 수명은 100세 시대를 코앞에 두고 있다. 퇴직 이후에도 경제 활동을 수행해야 하는 기간이 점점 늘어나고 있다. 최근 창업에 대한 중장년층의 관심이 그 어느 때보다 높은 이유도 여기에 있다.

청년층도 창업에 큰 관심을 보이고 있다. 구직 시장에서는 신입 사원보다는 경력직 사원에 대한 선호가 높아지고 있다. 비즈니스 모델은 탈고용 형태로 진화하고 있고, 새로이 대두되는 각종 신기술 역시 굳이 사람을 고용할 필요가 없는 이유를 하나씩 보태고 있다. 이러한 과정에서 적지 않은 청년층이 취업 대신 창업에 관심을 보이기 시작한 것이다.

청년층 사이에서도 자발적인 창업을 추구하는 분위기가 번지고 있다. 취업이 어려워지니 창업을 선택하는 경우가 늘어나기 때문이다. 여기에 더해, 기존의 회사가 자신의 가치관에 부합하지 못한다는 판단에 따라 자신만의 가치관과 세계관을 구현하기 위해 창업을 선택하는 청년도 늘어나고 있다. 직장과 삶에 대한 가치관이 기성세대와 크게 다른 청년들은 누구에게도 구속받지 않고 자신이 지향하는 바를 실현하고자 창업을 선택한다.

여성 역시 그 어느 때보다 창업에 큰 관심을 보인다. 사회적 편견과 가중된 구직난 탓에 경력 단절 여성의 사회 복귀가 쉽지 않은 상황이다. 이러한 환경에서 일부 여성은 자신의 일자리를 직접 만들기 위해 창업을 선택한다. 또한 이혼 등으로 인해 스스로 경제 활동을 시작해야 할 상황에 놓인 여성들도 창업에 큰 관심을 보인다.

이러한 일련의 구조적 혹은 개인적 이유에서, 지금 우리 사회는 그 어느 때보다 창업에 높은 관심을 보인다. 하지만 창업 후 직면할 현실은 예나 지금이나 여전히 냉혹하기만 하다. 평생 친구와 동업을 선택했다 적지 않은 금전적 손실을 입을 뿐 아니라 평생 친구도 잃은 경우도 부지기수다. 남다른 기술이나 아이디어가 있어 창업을 선택했어도 이를 제품화하는 것은 전혀 다른 일임을 깨닫고 중도 포기하는 경우도 허다하다.

어렵게 제품화에 성공해 적지 않은 시장 반응을 이끌어냈어도 다른 업체들이 유사품을 내놓는 바람에 손해를 보는 경우도 있다. 심지어 설비 투자 비용마저 건지지 못하기도 한다. 창업 후 첫 출시 제품이 시장에서 큰 반응을 얻어 대규모 설비 투자를 감행했지만, 후속 제품의 시장 반응이 나빠 더 큰 손해로 이어지는 경우도 많다.

창업에 대한 사회의 관심이 높아지는데도, 실패 확률은 여전히 높다. 그럼에도 창업 실패 확률을 낮추거나 창업 시 직면하게 되는 여러 어려움을 미리 설명해주고 대안을 제시하는 책은 많지 않은 듯하다.

기존에 출판된 창업 관련 서적의 상당수는 기업가 정신 등을 기반으로 한 이론적 접근에 치중하거나 요식업, 프랜차이즈, 부동산 중개업 등 특정 분야에 관한 설명에 국한되었다. 그나마도 대부분 번역서다. 그러다 보니 한국의 특수한 상황에 기반을 둔 창업 지침서 기능을 하기에는 여러 면에서 부족하다.

이 책을 기획하게 된 배경이 여기에 있다. 이 책은 학술적·이론적 차원에서 창업에 접근하는 내용은 철저히 배제하고, 실제 창업 활동을 수행한 선배 창업자들을 대상으로 한 다양한 통계와 경험을 담았다. 동업자에게 무엇을 줘야 하는지, 직함은 어떻게 분배해야 하는지, 시제품은 어떻게 구상하고 핵심 고객층은 어떻게 분석해야 하는지 등 창업 과정에서 직면할 다양한 문제를 다루었다. 이론적 설명보다는 실제 열악한 환경 속에서 창업 활동을 전개하는 사람들을 염두에 두고 실질적인 대안을 제시하고자 노력했다. 이 책을 통해 창업 시 마주칠 다양한 어려움과 현실을 미리 경험할 수 있을 것이다.

이 책을 준비하면서 많은 창업자의 도움을 받았다. 그들의 솔직한 인터뷰와 가슴 아픈 고백이 없었다면 이 책을 쓰지 못했을 뿐 아니라, 창업 과정에서 직면할 여러 고민이 무엇인지도 확인하지 못했을 것이다. 이 책의 경쟁력은 그들의 인터뷰와 생생한 증언이 있었기에 가능했다. 이 기회를 통해 다시 한번 감사의 인사를 전하고 싶다.

이 책이 지금 어느 곳에서 깊은 고심에 싸여 있는 창업가들에게 든든한 버팀목이 되기를 기대한다.

2021년 12월

박정호

| 차례 |

7장 기술, 어떻게 이해해야 하나

8장 어떻게 판매할 것인가

9장 어디서 창업해야 하나

10장 가격은 어떻게 정해야 하나

1장

창업에 적합한 사람은 누구인가

성공한 창업가는 누구인가

흔히 성공한 사업가의 모습을 떠올려보라고 하면, 대부분 비범하고 남다른 재능이 있으며 정장과 구두보다 청바지와 스니커즈를 즐겨 입는 20~30대 청년을 떠올리곤 한다. 빌 게이츠Bill Gates, 스티브 잡스Steve Jobs, 래리 페이지Larry Page, 마윈馬雲, 손정의 등이 처음 창업했을 때의 모습에서 이런 편견이 형성된 것이다. 성공한 벤처기업가에 대한 이런 편견은 일반인뿐 아니라 유관 분야 전문가에게서도 종종 목격된다. 기업가 정신과 리더십을 연구하는 학자들은 종종 성공한 CEO들의 사적인 공통점에 주목해 조사·연구하곤 한다.

일례로 미시간대학교 연구팀은 성공한 CEO는 대부분 부모가 이혼하지 않은 중산층 가정의 장남이며, 키가 크고 술은 즐겨 마시지만 흡연 비율은 평균보다 낮다고 발표했다. 연구팀은 또한 이들이 평균 이상의 교육 수준을 갖췄지만, 아이비리그와 같은 최고 수준의 명문 대학보다는 주립대학 출신이 많고, 학창 시절 소액이라도 자신이 직접 벌어서 학비를 충당한 경험이 있다고도 발표했다.

하지만 앞에서 열거한 사실들은 창업을 통해 성공하기 위해 갖추어야 할 CEO의 덕목과는 아무런 관계가 없다. 주변에서 볼 수 있는 성공한 CEO 대부분은 놀라울 정도로 공통점이 없다. 특정 분야의 전문가가 있는가 하면, 통상적인 수준의 학력과 지식을 보유한 사람들도 있다. 높은 덕망과 인품을 가진 CEO가 있는가 하면, 버진그룹의 리처드 브랜슨Richard Branson, 이케아(IKEA)의

성공한 CEO의 공통점은 출신이나 배경이 아니라 부의 창출에 삶의 목표가 있다는 것이다.

창업가 잉바르 캄프라드Ingvar Kamprad, 제트블루의 창업가 데이비드 닐먼David Neeleman과 같이 주의력결핍과잉행동장애(ADHD)를 겪는 CEO도 있다. 그렇다고 남다른 창의력과 아이디어가 있는 사람들도 아니다. 복제약을 판매해 커다란 성공을 거둔 기업인도 있으며, 아주 오래전부터 존재한 커피숍을 세계적인 체인점으로 만들어 성공한 기업인도 있다.

성공한 CEO의 공통점 중 가장 중요한 요인은 삶의 목표가 부의 창출에 있다는 것이다. 매스컴에 자주 등장하는 여느 CEO들처럼 막대한 부를 거두는 것을 인생의 목표로 설정한 사람들이 창업을 선택한다고 볼 수 있다. 하지만 많은 연구는 부의 창출이라는 관점에서 창업이 과연 유의미한 대안인지 고민해봐야 한다는 여러 정황을 제시한다.

사실 창업을 통해 거둔 소득은 위험을 감수하면서 얻은 수익이라는 점에서 취업으로 인한 소득보다 훨씬 높아야 정상이다. 그럼에도 창업이 취업이나 투자보다 더 높은 소득을 기대하기 힘든 경우가 많은 것으로 드러났다. 일례로 바튼 해밀턴Barton Hamilton 워싱턴대학교 교수가 진행한 연구에 따르면, 회사 설립에 투자한 자금을 차라리 상장기업에 투자했다면 더 높은 수익을 거둘 것이라고 한다. 또한 창업의 허브 역할을 자임하는 이스라엘과 미국 등에서도 자영업을 통해 버는 초기 수익은 취업해서 거둘 수 있는 수익보다 낮고 소득 상승 속도 역시 느린 것으로 확인됐다. 기업가들이 창업 후 10년 동안 벌어들인 소득은 같은 기간 취업했을 때 벌었을 소득보다 35퍼센트가량 적기 때문이다.

창업에 적합한 또 다른 대상자들로는 취업에 어려움을 겪는 청년이나 퇴직 내지 은퇴한 사람들을 떠올리기 쉽다. 이 역시 정답은 아니다. 창업가가 창업을 통해 실현하고자 하는 가치와 취업자가 취업을 통해 실현하고자 하는 가치는 전혀 다르기 때문이다. 놈 와서먼Noam Wasserman 하버드대학교 교수는 창업가와 취업자 1만 9000명을 대상으로 어떠한 가치를 지향하는지를 살피는 대규모 설문조사를 진행했다. 조사 결과 창업가가 지향하는 가치로는 권력과 영향력, 자율성 등이 높은 순위로 꼽혔다. 취업자는 안정성, 소속감, 사회적 명망 등을 지향하는 것으로 조사됐다. 주목할 부분은 창업가가 지향하는 가치인 권력, 영향력, 자율성에 대해 취업자는 낮은 선호도를 보였고, 창업가 역시 취업자가 선호하는 안정성, 소속감, 사회적 명망 등에 대한 선호도가 낮았다는 점이다.

〈기업가의 원동력에 관한 패널 연구Panel Study of Entrepreneurial Dynamics〉에서도 1,214명을 대상으로 기업 설립 동기에 대해 질문한 결과, 상위 6개 답이 자신만의 방식으로 일할 자유, 개인 비전 달성 등 지배력과 관련된 동기를 꼽았다. 다시 말해 창업가는 타인의 통제나 간섭 없이 자기 책임 아래 스스로 삶을 개척하는 자기주도형 삶을 지향하는 사람들이다. 반면에 취업자는 사회적으로 인정받는 구성원으로서 안정적인 삶을 지향한다. 결국 취업과 창업을 통해 추구하는 가치는 서로 다르며, 창업은 취업의 대안이 될 수 없다.

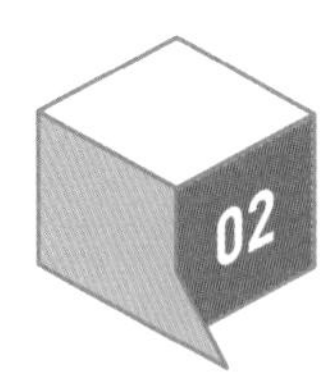

창업가는 정말 위험을 즐기는 사람일까

기업가들에 대한 오해는 여기에 그치지 않는다. 기업가들은 일반인들과 달리 삶을 추구하는 자세에서 위험 선호 성향이 높다고 생각하는 경향이 있다. 즉 사람들은 성공률이 낮은데도 창업에 뛰어든 사람이라면 당연히 위험을 감수하는 성향이 높다고 여긴다. 학자마다 다소 차이는 있지만, 창업가의 마인드셋을 설명할 때 "위험을 감수하며 새로운 기술과 혁신을 도모하는 의식"으로 기업가 정신을 규정하는 것이 일반적이다. 즉 도전 정신 및 혁신성과 함께 위험 감수 성향을 기업가 정신을 구성하는 중요한 요소로 꼽는 것이다.

하지만 창업가가 일반인과 달리 기꺼이 위험을 감내할 것이라는 생각은 가장 큰 편견 중 하나다. 위험을 좋아하는 사람은 아무도 없다. 창업가 역시 마찬가지다. 많은 창업가는 자신의 아이디어나 기술을 사업화하고 싶었을 뿐, 위험을 즐기기 위해 창업한 것이 아니다. 그렇다면 기업가 정신에서 말하는 창업가의 위험 감수 성향은 무엇을 의미할까? 이는 기업가 정신에서 지칭하는 위험이 'danger'가 아니라 'risk'라는 사실에서 답을 찾을 수 있다.

영어 단어 중 '위험'을 뜻하는 단어는 크게 'danger'와 'risk' 두 가지가 있다. 우리는 두 단어를 '위험'이라고 동일하게 해석하지만 사실 이 두 단어가 지칭하는 위험의 내용은 전혀 다르다. 'danger'는 예상하기 어렵고 통제할 수 없는 위험이다. 이에 반해 'risk'는 예상하기 쉽고 통제할 수 있는 위험을 의미한다. 'danger'는 손실이나 손해를 야기하는 위험을 의미하지만, 'risk'는 무조건 손실 내지 손해만 야기하는 것이 아니라 경우에 따라서는 보다 긍정적인 상황으로 전개될 수 있는 위험인 것이다.

기업가는 자신이 직면한 위험을 무조건 수용하지 않는다. 그들은 위험을 회피하거나 줄일 다양한 방법을 모색하면서 기업 활동을 전개한다. 특히 사업 초기에는 예상치 못한 여러 문제에 직면한다. 우수한 기술이나 역량을 보유한 기업이라 하더라도 예기치 못한 문제들을 해결하지 못해 좌초되는 경우가 비일비재하다. 따라서 창업을 준비하는 단계에서 반드시 병행해야 할 내용 중 하나가 위험 관리 전략이다. 창업 이후 전개될 수 있는 여러 위험 상황을 분야별로 확인하고, 각각의 위험을 회피하거나 관리할 나름의 시나리오가 있어야 한다. 재무적 위험, 기술적 위험, 마케팅 판매 과정에서 발생하는 위험의 세부 내용이 다르듯이, 이를 해결하는 방법 또한 모두 다를 수밖에 없다.

기업 환경이 급변하는 만큼 기업의 수명도 줄고 있다. 창업자의 상황 대처 능력과 위기 관리 능력이 그 어느 때보다 중요해졌다.

기업의 수명은 점점 더 짧아지고 있다. 2007년 〈맥킨지 보고서〉에 따르면, 미국 기업의 수명이 1955년에는 45년, 1975년에는 30년, 1995년에는 22년, 2005년에는 15년으로 줄었다. 예일대학교가 2012년 수행한 연구에서도 'S&P 500' 지수에 등재된 미국 선도 기업의 평균 수명은 1920년 67년에서 최근 평균 15년으로 감소했다. 100년 동안 50년 이상 줄어든 것이다. 2009년 대한상공회의소 발표 자료에 의하면, 한국 기업의 평균 수명은 27.3년이며, 중소 제조업체의 평균 수명은 12.3년이다. 100대 기업의 40년 생존율은 12퍼센트에 불과한 실정이다. 이처럼 기업의 수명이 점차 줄어드는 것은 기업 환경이 그만큼 급변하고 있기 때문이다. 그리고 이 과정에서 창업가가 가져야 할 핵심 역량이 상황 대처 능력과 위기 관리 능력이라는 사실 또한 쉽게 유추할 수 있다.

창업을 준비하는 사람이라면 사업 수행 과정에서 불거질 문제점을 확인해보는 것이 자신의 아이디어와 기술만 보완하는 것 못지않게 중요하다는 점을 숙지해야 한다. 긴장감과 속도감을 만끽하기 위해 일부러 위험을 자처하는 익스트림스포츠 마니아도 가장 중요하게 여기는 것이 안전임을 기억해야 할 것이다

지금까지 창업가에게 필요한 기질이라고 열거한 사실들은 스탠퍼드대학교, 런던비즈니스스쿨(LBS) 등 유수의 경영대학원도 일찍부터 인지하고 있었다. 이 학교들은 취업과 창업 사이에서 고민하는 재학생을 대상으로 자기 자신에 대한 이해를 도모할 수 있는 다양한 수업을 진행하고 있다.

대표적으로 스탠퍼드대학교에는 CLVCareer Life Visioning라는 수업이 있다. 손해를 감수하더라도 지키고 싶은 것이 무엇인지, 나중에 자녀들이 생겼을 때 자녀에게도 꼭 추천하고 싶은 가치가 무엇인지 등 여러 질문을 통해 자신이 지향하는 본질적 가치를 돌아보는 기회를 제공한다. 이러한 성찰 아래 100개 직업군 중에서 자신에게 적합한 직업을 12개 정도 고르도록 한다. 무턱대고 창업부터 강요하지 않는다.

최근 우리 사회는 청년 실업자나 재취업 희망자들에게 창업을 강요하는 듯한 인상마저 느껴진다. 물론 국가 차원에서 창업 활성화도 중요하지만, 지향하는 삶이 창업이 아니라 취업을 통해 달성하는 곳에 있는 사람들까지 억지로 창업으로 유도할 필요는 없다.

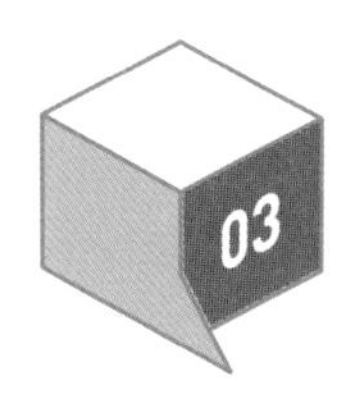

창업가는 정말 세상을 놀라게 할 아이디어가 있어야 하나

창업을 준비하는 사람들 대부분은 이전까지 누구도 생각하지 못한 아이디어를 찾아내려 애쓰곤 한다. 그리고 그런 아이디어가 훨씬 높은 수익을 가져다줄 것이라고 확신하는 경향이 있다. 하지만 현실은 그렇지 않다. 누구도 생각하지 못한 아이템을 기반으로 한 사업은 이전에 누군가 유사한 아이디어로 사업을 기획했거나 이미 그런 사업을 수행 중인 경우보다 훨씬 험난한 경로를 거쳐야 실현할 수 있기 때문이다.

가장 먼저 만나는 문제는 투자자를 설득하는 것이다. 세상에 없는 무언가를 이해시키는 것은 쉬운 일이 아니다. 사업 아이템을 설명하는 가장 쉬운 방법은 유사한 사업을 수행하는 기존 회사에 빗대는 것이다. 기존 제품들과 자신의 제품에 어떠한 차이점이 있는지, 기존 서비스에 비해 어떠한 점이 개선되었는지를 설명하는 것이 이해와 동의를 이끌어내기가 훨씬 쉽다.

아이디어인가, 실행력인가?

이런 관점에서 에어비앤비AirB&B의 창업 초기 에피소드는 적지 않은 시사점을 던져준다. 에어비앤비는 설립한 지 불과 7년 만에 자산 가치 28조 원의 회사로 성장했지만, 창업 초기에는 투자자를 모집하는 데 큰 어려움을 겪었다. 에어비앤비의 공동 창업가 겸 CEO인 브라이언 체스키Brian Chesky는 자신의 블로그에 투자 유치 실패담을 공개한 바 있다.

그에 따르면 2008년 사업 초기 1억 5000만 원 투자를 유치하기 위해 총 7곳의 벤처캐피털을 접촉했지만, 그중 5곳은 투자를 거부했으며, 2곳은 답변조차 하지 않았다고 한다. 지금은 에어비앤비의 사업 모델이 천재적인 아이디어였음을 의심하는 사람이 아무도 없을 것이다. 하지만 창업 초기에는 그 누구도 시도한 적 없던 사업 모델에 많은 투자자들이 의구심을 보였으며, 이로 인해 투자를 주저했다.

처음 시도하는 아이템은 최종 소비자들의 구매를 이끌어내기도 쉽지 않다. 특정 물건이나 서비스가 구매로 이어지기 위해서는 해당 제품과 서비스에 대한 이해 내지 동의가 전제되어야 한다. 이해하지도 못한 물건을 구매하는 소비자는 없기 때문이다. 하지만 이미 유사한 아이템을 접한 소비자들은 나름의 학습 효과가 있기 때문에, 기존 아이템과의 차이점 내지 개선 내용만 잘 전달해도 충분히 구매를 이끌어낼 수 있다.

이런 사실을 종합할 때 창업 아이템이 반드시 이전에 누구도 생각하지 못한 새로운 것일 필요는 없다. 오히려 이전에 비슷한 아이템을 갖고 사업화를 구상한 사람이 있다면 자신의 생각이 틀리지 않았다는 증거일 수 있다. 또한 이전에 유사한 아이템을 갖고 사업화를 시도하다 실패한 사례가 있다고 해서 걱정할 필요도 없다. "아이디어는 싸지만 실행이 비싸다Idea is cheap, execution is dear"라는 격언에서도 드러나듯이 사업의 성패는 아이디어가 아니라 실행력에 좌우되는 경우가 훨씬 많다.

오늘날 우리가 성공한 창업 기업으로 칭송하는 수많은 기업 역시 무에서 유를 창조한 경우는 많지 않다. 이전에 누군가 하던 사업을 개선하고 발전시키면서 지금의 자리에 올라간 회사들이 대부분이다. 페이스북 이전에 싸이월드가 존재했고, 아이패드 이전에 PDA가 존재했으며, 구글 이전에도 야후가 존재했다.

우리나라 대기업의 창업 방식

창업 후 커다란 성과를 달성한 창업가들이 반드시 남다른 아이디어가 있었던 것은 아니라는 점은 국내 사례를 통해서도 확인할 수 있다. 해방 이후 우리나라의 초기 창업가들은 별다른 기술력을 갖추기 어려웠다. 이러한 상황에서 초기 창업가들이 선택한 대표적인 창업 분야가 바로 유통과 물류다. 해방과 함께 국내 산업 시스템이 일순간 마비됐다. 1940년대 해방 이전까지 국내에서 활동하던 제조업 자본의 90퍼센트 이상이 일본 자본이었다. 제조업 분야의 전문 기술자 역시 80퍼센트 이상이 일본인이었다. 따

우리나라의 초기 창업가 중에는 중국과의 정크무역을 통해 성공의 발판을 마련한 사례가 많다.

라서 이들 일본인이 사라진 뒤 다양한 생활용품 등을 적시에 공급하기가 어려워졌다.

당시 일본은, 남한은 농업 중심으로 북한은 공업 중심으로 구분된 산업 구조를 만들었다. 해방과 함께 남과 북이 분단되면서, 북한과 전력, 비료, 지하자원 등을 교역하기가 어렵게 됐다. 이러한 상황에서 국내에서는 주요 생필품의 가격이 폭등했고, 물가 역시 급격히 상승했다. 이때 중국과 한국 상인들은 두 나라가 교역을 할 경우 상당한 수익을 거둘 수 있음에 주목했다.

당시 중국에 있는 일본인들 역시 세계대전 패망으로 인해 공장뿐만 아니라 자재 및 재고 등을 그대로 두고 급히 본국으로 귀국했다. 따라서 일본인 공장에는 많은 군수품, 공산품, 생필품 등이 그대로 남겨져 있었다. 중국 상인들은 일본인 공장에 남겨진 각종 생필품과 공산품을 활용했다. 당시 해안 지역 도시의 중국 상인들은 이들 물건을 한반도에 가져가 팔면 큰돈을 벌 수 있다는 사실에 주목해 흔히 정크선Junk이라 불리는 무동력선에 물건을 싣고 와서 한국과 교역하기 시작한다. 이러한 이유로 당시 중국과 전개된 무역을 속칭 '정크무역'이라 부르게 됐다.

중국 상인과 거래할 유인은 충분했다. 당시 무역은 주로 인천항에서 전개됐다. 인천에서 중국 상인들로부터 물건을 구매해 되팔아 10배 가까운 이득을 손쉽게 취할 수 있었다. 더더욱 흥미로운 부분은 당시 정크무역의 대금 결제 방식이다. 해방 이후 불안정한 국내 통화로 대금을 결제하려 해도 중국 상인들이 이를 거절했다. 달러와 같은 외화는 더더욱 구하기 어려웠다. 이러한 상황에서 중국 상인과 국내 상인이 대금 결제 방식으로 선택한 방법은 현금이나 어음이 아닌 현물이었다. 즉 20세기에 물물거래를 수행한 것이다.

당시 중국 상인들이 주로 싣고 오는 물품은 농산물, 생필품, 공산품이었다. 이들 물건을 구매한 한국 상인들의 대금 결제 수단은 주로 오징어와 새우, 미역과 같은 해산물, 광석과 같은 지하자원이었다. 당시 인천항에서 물물교환으로 수입품을 구매해 내륙 지역에 비싼 값에 재판매하는 물류 유통업에 종사한 초기 기업인 중에는 지금 국내 굴지의 대기업을 일군 창업가들이 상당수 포함되어 있다. 이러한 사례만 보더라도 물건을 싸게 사서 비싸게 팔 수 있는 노하우 그리고 물건이 필요한 사람들에게 관련 물건을 전달해주는 역량만으로도 창업할 이유는 충분하다 할 수 있다.

창업을 통해 부가가치를 창출하는 방식은 다양하다. 이미 존재하는 기술들을 단순 조합하거나 결합하기만 해도 충분히 좋은 제품을 개발할 수 있다. 기존 제품에 색깔이나 외관만 바꿔도 훨씬 높은 성과를 달성할 수도 있다. 심지어 이미 존재하는 제품을 조금 더 빠르게 배송하거나 더 저렴하게 판매할 수만 있어도 충분히 성공할 수 있다.

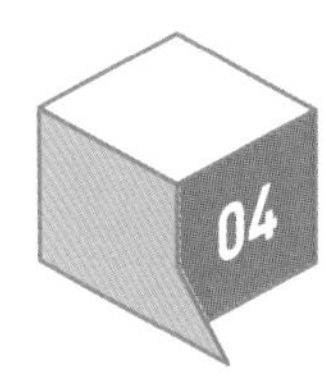

창업에 적합한 나이는 몇 살일까

소상공인 사업체 1만 490개를 대상으로 한 중소기업청 조사에서는 소상공인 창업주의 평균 연령이 50.6세로 집계되었다. 창업가 평균 연령은 조사에 따라 큰 차이를 보인다. 성공한 창업가들의 전례를 보더라도 창업에 적합한 나이에 대한 답을 내기는 쉽지 않아 보인다. 마크 저커버그Mark Zuckerberg가 페이스북을 창업한 때는 열아홉 살이었고, 빌 게이츠와 스티브 잡스는 MS와 애플을 20대에 설립했다. 제프 베이조스Jeff Bezos는 30세에 아마존을 설립했고, 마이클 블룸버그Michael Bloomberg가 다니던 회사로부터 해고 통보를 받고 블룸버그를 창업한 시점은 40세에 다다랐을 때다.

장년층 창업 성공 사례도 만만치 않다. 고든 보커Gordon Bowker가 두 명의 학교 교사와 함께 스타벅스를 창업했을 때의 나이는 51세였으며, 고故 이병철 회장은 반도체 사업에 대규모 신규 투자를 감행했을 때 73세였다. 이상의 사례에서 유추할 수 있듯이 창업에 적합한 나이란 따로 없다.

나이는 단지 창업가의 상황에만 영향을 줄 뿐이다. 예를 들어 장년층 창업가의 경우 창업 전의 다양한 사회 경험이 든든한 자산이 되어줄 수 있다. 회사를 운영하다 보면 예기치 않은 다양한 난관에 봉착할 때가 많고, 생각보다 많은 문제를 스스로 해결해야 한다. 이때 중장년층이 보유한 다양한 사회 경험은 위기 관리 능력과 문제 해결 능력으로 발현돼 창업 성공 확률을 높여준다.

다양한 인적 네트워크 역시 장년층 창업가가 보유한 중요한 자산이다. 회사 경영 과정에서 불거진 모든 문제를 혼자서 해결하기는 쉽지 않다. 회사 경영에는 R&D, 제품화, 판매, 영업, 재무, 인사관리 등 여러 분야의 지식과 경험이 필요하다. 장년층 창업가의 경우 외부 인적 네트워크를 활용해 이 같은 문제를 해결할 수 있다. 이러한 사실은 사회 경험과 인적 네트워크가 부족한 청년층 창업가들에게 창업 시 자문을 구할 수 있는 외부 인적 네트워크를 구축할 필요가 있음을 시사한다.

아무리 최고의 구성원들과 창업했다 하더라도 항상 회사 밖에 우수한 인재들이 더 많을 수밖에 없다. 따라서 외부 인재들을 적극 활용하는 역량은 모든 창업가의 성패를 좌우하는 핵심 역량 중 하나다. 친구가 다양한 기업가가 그렇지 않은 기업가들보다 혁신성이 세 배 정도 높다는 듀크대학교 마틴 루프Martin Ruef 교수의 연구 결과 역시 같은 맥락에서 이해할 수 있다.

그렇다고 창업 전 사회생활을 오래 한 것이 항상 좋은 결과로 이어지는 것은 아니다. 창업 전 일정 기간 업무 경력은 신생 기업의 생존율에 긍정적인 영향을 미치지만, 업무 경력이 일정 기간을 넘어설 경우 오히려 실패 확률이 높아지는 것이 일반적이다.

창업과 나이의 관계는 혁신 관점에서도 중요한 요인이다. 창업을 떠나 생물학적 나이가 많을수록 도전정신과 혁신성이 줄어드는 것은 자연스러운 현상이다. 특정 나이 이상이 되면 기존의 방식을 고수하려는 습성은 더욱 강해지며 새로운 것에 대한 호기심도 줄어든다. 또 중장년층 창업가의 경우 청년층 창업가와 달리 실패에 대한 두려움이 클 수밖에 없다. 이러한 일련의 요인 때문에 장년층 창업가는 청년층 창업가보다 창업 과정에서 높은 혁신성이나 도전정신을 발휘하기가 힘들다. 창업을 결정한 시점은 다양할 수밖에 없다. 중요한 것은 자신의 나이뿐만 아니라 여러 상황과 특성을 고려해 최적화된 창업 전략을 수립하는 것이다. 누군가의 성공 스토리를 무조건 추종하면서 맞지도 않는 옷을 입기보다는 자신에게 맞는 옷을 입는 것이 중요하다.

창업의 적기는
회사에 재직 중일 때다

창업은 쉽게 결정할 수 있는 일이 아니다. 많은 직장인이 회사를 그만두고 사업을 하고 싶은 욕구를 마음 한편에 품고 있다. 그렇다고 막상 사표를 던지고 사업을 시작하는 사람은 많지 않다. 이러한 상황에서 창업을 가장 손쉽게 할 수 있는 시기는 회사에 다닐 때일지도 모른다. 바로 사내 창업 제도를 활용하는 것이다. 사내 창업이란 회사와 임직원이 공동으로 투자해 사내에서 새로운 사업을 도모하는 방식을 의미한다.

사내 창업의 장단점

사내 창업은 일반적인 창업과 달리 재직 중인 회사와 함께 창업을 수행하는 것이기 때문에 창업 과정에서 불안감이 상당 부분 줄어든다. 창업 과정에서 발생할 수 있는 다양한 리스크를 창업가 혼자 감내하는 것이 아니라 모회사와 함께 분담하기 때문이다. 또 본사가 보유한 다양한 물적·인적 자원을 활용할 수도 있으며, 창업 과정에서 직면하는 여러 어려움을 극복할 직간접적인 지원도 받을 수도 있다.

사내 창업이 창업에 참여한 임직원에게만 유리한 것은 아니다. 모회사 역시 기존 산업 부분이 정체돼 있거나 심지어 역성장하는 상황에서 가장 손쉽게 신규 사업을 발굴하고 개척할 수 있다. 기존 조직 구성원은 회사가 직면한 상황을 누구보다 잘 알고 있다. 이러한 상황에서 이들 직원을 활용해 회사의 새로운 돌파구가 돼줄 신사업을 모색하는 것은 가장 효과 높은 전략이다.

사내 창업을 통해 성공한 사례는 주변에서 쉽게 목격할 수 있다. 가장 대표적으로 네이버를 꼽을 수 있다. 네이버는 삼성SDS의 사내 벤처제도를 통해 탄생한 기업이다. 당시 삼성SDS 연구원이던 이해진 의장은 사내 공모 1호 벤처로 네이버를 시작했다. 이후 회사를 독립시켜 지금의 네이버가 탄생했다.

인터파크 역시 사내 벤처로 탄생한 기업이다. 데이콤의 소사장 제도를 통해 탄생한 인터파크는 모회사인 데이콤의 경영 상태가 어려워지자 모회사 지분을 추가로 사들여 완벽히 독립한 회사가 됐다. 한 가지 흥미로운 사실은 인터파크의 경쟁사 중 하나인 온라인 쇼핑몰 G마켓 역시 한때는 인터파크 사내 벤처에서 출발한 회사라는 사실이다.

이처럼 사내 창업이 적지 않은 성과를 창출했다고 해서 사내 창업 제도에 장점만 있는 것은 아니다. 사내 창업 제도의 가장 큰 단점은 단독 창업에 비해 의사결정 속도가 무척 느리다는 것이다. 원래 스타트업의 최고 강점 중 하나가 빠른 의사결정력에 근거한 신속한 대응력과 시장 적응력이다.

사내 창업 형태로 창업할 경우, 모회사의 의사결정 프로세스도 존중해야 하기 때문에 단독 창업에 비해 의사결정 속도가 현격히 느려진다. 따라서 빠른 의사결정이 필요한 분야라면 사내 창업이 적합하지 않을 수도 있다. 최근에는 기존 대기업뿐만 아니라 에너지 공기업과 SOC 공기업도 사내 창업 제도에 크게 관심을 보인다. 사내 창업 제도를 통해 자칫 경직될 수 있는 공기업 조직에 새로운 활력을 불어넣고 은퇴를 앞둔 임직원에게 새로운 삶의 기회를 제공해주고자 하는 의도다.

코로나19 이후 사내 창업에 대한 사회적 분위기가 더욱 긍정적으로 바뀌었다. 코로나19로 여느 때보다 미래지향적인 신산업이 단기간에 크게 부상하고 있다. 민간 우주항공산업, 자율주행자동차, 신재생에너지 등의 산업이 여기에 해당한다.

그런데 최근 많은 국내 기업이 새로운 독립 법인을 설립하기보다는 사내 벤처를 선호하고 있다. 경제적 불확실성이 높은 상황에서 완전히 새로운 법인을 설립하고 운영하는 데 드는 비용 등에 대한 부담과 함께 아직 이들 신산업 분야에서 어떤 성과를 발휘할 수 있는지 확신이 없는 상태에서 별도의 법인을 설립하는 것을 주저하기 때문일 것이다.

또한 우리 사회가 고령화되면서 은퇴를 앞둔 설립자들이 그간 자신의 사업을 가까이에서 도와준 창업 1세대 직원들에게 사내 벤처 설립을 크게 권유하는 분위기마저 일고 있다. 오랫동안 자신을 도와준 직원들이 은퇴 후에도 경제적으로 자립할 수 있는 방안을 만들어주기 위해, 그간 자신의 회사가 외부 하청을 주었던 업무를 사내 벤처를 통해 사업화한 뒤에 퇴직과 함께 별도 법인을 세워 업무를 수행할 수 있도록 배려해주는 것이다.

창업 벤처와 사내 벤처의 차이

이상에서 열거한 것처럼 다양한 요인들로 인해 우리 사회에서 사내 벤처가 크게 활성화되고 있는데도 아직 사내 벤처에 대한 정확한 이해는 부족한 듯하다. 특히 창업 기업가start-up entrepreneur와 사내 기업가corporate entrepreneur의 차이가 작지 않음에도 불구하고 이에 대한 이해가 부족한 실정이다.

창업 기업가와 사내 창업 기업가의 가장 큰 차이는 위기와 보상 측면에서 가장 잘 드러난다. 창업 기업가는 재무, 기업 운영, 법적 책임 등 회사를 경영하는 데 따르는 모든 리스크를 본인이 감수한다. 그 대신 해당 사업이 크게 성공할 경우 보상 역시 크다.

하지만 사내 창업 기업가는 사전에 모회사와 조율된 범위 안에서만 사업을 수행한다. 사업의 목적과 범위를 모회사와 협의하다 보니, 사업 실패로 인한 책임도 모회사와 분담하는 경우가 많다. 창업 기업가처럼 모든 손실에 대한 책임을 하나부터 열까지 다 떠안아야 하는 건 아니다. 당연히 성공에 대한 보상도 제한된다. 특히 사내 벤처의 목적이 모회사의 하청 업무와 관련된 경우에는 더더욱 그렇다.

창업 기업가는 사내 창업 기업가보다 외부 환경 변화에 특히 취약하다는 점도 다르다. 규제의 변화, 경기 불황 등 외부 환경 변화에 좌우되는 건 어느 기업이나 마찬가지겠지만 신생 기업의 경우 여파가 훨씬 크다. 신생 벤처의 경우 단 한 사람의 실책, 단 한 번의 오판으로도 회사가 존폐의 기로에 처할 확률이 높다는 점도 차이점이다. 반면에 사내 창업 기업가가 직면하게 되는 가장 큰 위험 요인은 모회사의 전략 변화다. 모회사가 당초 기획과 달리 사내 벤처가 수행하는 업무에 무관심해지거나 모회사와 이해 충돌이 일어나는지가 더욱 중요한 문제다. 특히 모회사의 규모가 커질수록 기업에는 위계질서가 생겨나고, 조직 내 이해관계도 점점 복잡해진다. 경우에 따라서는 모회사 내부에서도 의견이 다른 경우가 많다.

많은 사람이 사내 벤처는 일반적인 신생 창업에 비해 모회사의 지원 등을 받을 수 있다는 점에서 장점만 있다고 생각하는 경향이 있다. 하지만 앞에서 열거한 바와 같이, 사내 벤처의 경우에는 일반 신생 창업과는 전혀 다른 리스크 요인과 비즈니스 환경에 직면해 있을 뿐, 리스크가 더 적거나 없는 것이 결코 아니다. 지금 누군가 사내 벤처를 추진하려고 한다면, 이상에서 열거한 수준의 차이 정도는 알고 시작해야 할 것이다.

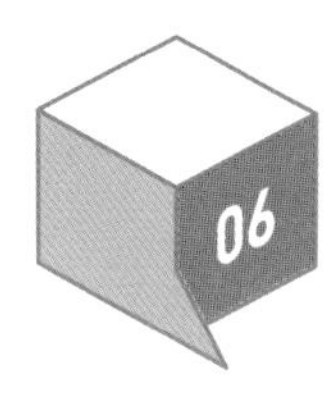

진짜 성공은 두 번째 창업에서 나온다

창업은 늘 어렵다. 실패 확률이 클 뿐만 아니라 실패 시 패가망신하기 일쑤라고 겁주는 사람이 많다. 창업 실패 확률이 높은 것은 당연하다. 정확히 표현하자면, 첫 번째 창업에서 실패 확률이 높은 것은 지극히 당연하다. 흔히 안정된 직업으로 분류되는 의사, 변호사 등 전문직의 경우에는 개업 등을 통해 업무를 수행하기에 앞서 적게는 3년, 길게는 10년 가까이 관련 공부를 한다. 사전에 실패율을 낮추기 위해 오랜 숙련 기간을 거치기에 안정적인 직업이 된 것이다.

이에 반해 사전 예행연습이나 장기간의 숙련 없이 시도된 창업이 실패율이 높은 것은 당연하다. 글로벌 기업가들은 대부분 뼈아픈 사업 실패 경험이 있다. 미국과 중국의 기업인은 평균 2.8회의 실패 경험이 있다. 우리에게 익히 알려진 도널드 트럼프

사업 실패는 인생의 실패가 아니라 재도약을 위한 소중한 경험이다.

Donald Trump 대통령도 개인파산을 4번이나 신청한 경력이 있다. 마윈 회장도 8번의 사업 실패 후에 알리바바를 탄생시켰다.

우리나라 기업인의 경우 사업 실패 경험이 평균 1.3회에 그치는 것으로 조사됐다. 폐업 기업의 CEO가 본인 명의로 다시 창업하는 비율은 3퍼센트 수준이다. 폐업 기업의 대표이사가 임원으로 참여하는 경우 역시 4.2퍼센트 수준이다. 이러한 조사 결과는 우리나라 기업인이 사업 실패를 성공의 밑거름 내지 숙련 기간으로 생각하기보다는 실패 그 자체로 여기는 경향이 더욱 크다는 사실을 내포한다.

어떤 의미에서는 우리나라에서 창업 후 5년 생존율이 여타 경제협력개발기구(OECD) 국가보다 현격히 떨어지는 원인 중 하나도 여기에 있다 할 것이다. 우리나라 창업 기업의 5년 생존율은 OECD 17개 나라 중 최하위를 기록했다. 영국은 5년 생존율이 37.5퍼센트, 독일은 41퍼센트, 스웨덴의 경우에도 62.6퍼센트에 이르렀다. 이러한 수치는 30퍼센트가 채 안 되는 우리나라의 상황과 극단적인 대조를 이룬다. 창업에 실패하는 과정에서 많은 경험과 노하우를 쌓은 사람이 재창업에 참여하지 않는 상태에서 5년 생존율이 낮아지는 것은 지극히 당연한 결과다.

정부는 창업 실패 이후에도 원활하게 재창업할 수 있는 제도적 보완책을 연이어 마련하고 있다. 신용불량으로 인한 금융 거래 불가능 문제 개선, 재기 기업인 세제 지원, 정책 자금에 대한 채무 면제 확대 등이 여기에 해당한다. 하지만 가장 큰 문제는 정작 다른 데 있는 듯하다. 실패한 기업인을 대하는 태도와 실패한 기업인 자신의 태도가 가장 먼저 바뀌어야 한다. 사업에 실패했다고 해서 스스로 실패한 사람으로 낙인찍기보다 값진 경험을 쌓았다는 생각으로 다시 한번 도전하려는 태도가 그 무엇보다 필요하다. 귀한 경험을 저버리는 것이야말로 가장 큰 실패가 아닌가 싶다.

가장 손쉬운 창업은 기존 기업 인수

수많은 예비 창업가 대부분은 창업을 준비할 때 기존 회사를 인수하기보다 신규 회사를 설립하는 것을 당연하게 여긴다. 큰 꿈을 품고 창업을 준비하는 예비 창업가는 회사명과 로고, 사무실, 집기뿐만 아니라 직원 하나하나까지 모든 것을 자신이 직접 결정하고 싶을 것이다. 물론 하고자 하는 사업의 내용이 혁신적이어서 기존 기업을 인수해서는 수행하기 어렵거나 인수하기 적합한 기업을 찾기 어려워 신생 회사를 설립할 수 있다.

하지만 실제 현장을 자세히 들여다보면, 회사 업무의 특수성 때문에 혹은 인수 적합 기업을 찾기 어려워서 신생 회사를 설립하는 것이 아니라, 창업 방법론이 신생 회사 설립만 있는 것으로 착각하는 창업가들이 많은 듯하다.

모든 것을 하나하나 자신의 손으로 구축하고자 하는 열의를 꿔고 싶은 것은 아니지만, 이는 상당한 비용과 시간이 투여된다. 다시 말해 신생 회사를 견실한 조직체로 만드는 데는 커다란 조직 구축 비용이 발생한다. 필요한 모든 직원을 완벽히 갖추기까지는 상당한 시간이 소요된다. 어쩌다 한 명씩 찾아오는 구직자를 인터뷰하기 위해 시간을 비워야 하며, 어렵게 채용한 직원이 관련 업무를 익힐 때까지도 시간이 소요된다.

초기 조직을 구축하는 데도 다양한 분야의 지식과 노하우가 필요하다. 엔지니어 출신 창업가는 재무회계 업무를 처리하기 위해 갖춰야 할 요건이 어느 정도 수준이어야 하는지 알기도 어렵다. 반대로 마케팅 내지 재무 출신 창업가는 회사 서버나 전산 장비 구축의 적정 규모를 가늠하는 데 어려움을 겪는다. 이런 상황에서 조직을 구축하려면 수많은 시행착오를 겪을 수밖에 없다. 그뿐 아니라 회사 업무를 원활히 처리할 수 있는 결재 문서 양식과 결재 체계를 구축하는 데도 많은 고민과 노고가 투여된다. 이밖에도 사무실 임대와 사무기기 구입 등도 모두 시간과 비용이 투여되는 일들이다.

자신이 수행하고자 하는 사업 내용과 유사한 분야에서 활동하는 기존 회사를 인수할 경우 이러한 비용을 상당 부분 줄일 수 있다. 작게는 사무실과 사무기기가 완비되어 있을 뿐만 아니라 회사 업무를 원활히 수행하기 위한 분야별 인력과 나름의 행정 체계도 구축되어 있다. 이럴 경우 부분적 수정·보완을 통해 신규 사업에 적합한 형태로 조직과 회사 형태를 변형하면 된다. 부수적 업무를 수행하는 직원들은 그대로 둔 채 핵심 역량을 만들어줄 인재만 영입하거나 채용하는 것이다. 회사 업무 처리 방식이 전부 마음에 안 드는 것이 아니라면 그중에서 수정하고 싶은 부분만 수정·보완하면 된다.

이런 관점에서 창업을 준비하는 가장 쉬운 방법 중 하나는 기존 기업 인수다. 하지만 아직 우리나라의 경우 신생 벤처기업 간 인수·합병은 물론이고, 영업 양수나 전략적 제휴 등도 활발하지 못한 상황이다. 물론 표면적으로는 우리나라에서도 다양한 인수·합병이 시도되고 있는 듯하다. 하지만 이들 인수·합병 대부분은 신생 벤처기업이나 중소기업이 아니라 대기업 간 인수·합병 또는 대기업 계열사 간 인수·합병 등이 주를 이룬다. 우리는 성공한 창업가의 성공 스토리 속에서 집 앞 창고에서 시작해 회사 상

기업의 생존과 성장 전략의 수단으로 M&A의 중요성은 나날이 증대되고 있다.

호와 로고는 어떠한 의미를 투영해 만들게 되었고, 초기 출시 제품명은 어떠한 의미를 담아 제작하게 되었다는 등의 이야기를 종종 접하게 된다. 하지만 그 과정에는 수많은 시행 착오, 시간, 비용이 투여된다.

창업가가 인수·합병에 관심을 두어야 할 이유는 더 있다. 창업의 목적을 영속적으로 사업 활동을 영위하는 데 두는 창업가도 있지만, 사업이 일정 수준에 올라 안정권에 접어들면 매각을 선호하는 창업가도 많다. 창업 이후 회사를 일정 규모 이상으로 성장시키는 과정에서도 여타 관련 회사와의 합병은 유용한 수단이다. 따라서 인수·합병 가능성 여부는 '창업→성장→회수→재투자, 재도전' 순환을 구축하는 데 가장 중요한 요인 중 하나다.

현재 우리나라의 벤처기업 회수시장은 장외에서 해당 기업의 주식을 매각하는 방식과 영화나 공연 등과 같은 프로젝트성 사업에 투자한 금액을 회수하는 방식이 70퍼센트를 차지하고 있다. 한국벤처캐피털협회 자료에 따르면, 해외에서는 가장 보편적인 회수 방식으로 꼽히는 기업공개(IPO), 인수·합병 등이 채 30퍼센트도 되지 않는다. 이 중에서 인수·합병을 통한 회수는 전체의 2퍼센트가 채 안 된다.

반면에 미국은 벤처기업의 80퍼센트 가까이가 인수·합병을 통해 투자 자금을 회수한다. 아마존을 비롯한 미국의 5대 IT 기업은 별도의 벤처캐피털을 설립해 2012~2016년 사이 400개 이상의 스타트업 기업에 투자하거나 인수·합병을 통해 이들 기업에 회수 또는 성장 기회를 제공했다. 그뿐 아니라 월마트, GE 등의 전통 기업도 스타트업 인수·합병을 통해 자사의 신규 사업을 적극 모색하고 있다.

우리나라에서 창업한 사람은 출구 전략이 다양하지 않다. 예비 창업가에게 유의미한 수준의 인수·합병 시장이 필요한 이유는 단순히 자금 회수 차원만이 아니다. 진출한 산업 부분에서 공급 과잉이 일어났을 때 이를 해소할 수 있는 방법이 인수·합병이기 때문이기도 하다. 즉 인수·합병은 사업 규모를 확대하는 과정에서 신제품을 가장 손쉽게 개발하는 방법이다. 신규 산업 내지 신규 시장에 가장 효과적으로 진출하는 방법 역시 인수·합병이다.

인수·합병은 회사가 보유하지 않은 역량을 가장 쉽게 확보하는 방식이기도 하다. 유통망이 부재한 기업이 한번에 유통망을 확보하는 방법, 신뢰받는 브랜드를 구축하지 못한 기업이 명망 있는 브랜드를 확보하는 방법, 자체 R&D 역량을 확보하는 방법으로도 모두 유의미한 수단이다.

이처럼 기업의 생존과 성장 전략의 수단으로 인수·합병의 중요성은 나날이 증대되고 있다. 국내 중소기업들 역시 인수·합병을 단순히 회수 전략 차원이 아닌 성장 전략의 일환으로 간주하기 시작한 지 오래다. 국내 벤처기업 대상 설문조사에 따르면, 국내 중소 벤처기업은 인수·합병을 통한 기업 가치 증대를 가장 선호하는 것으로 확인됐다. 뒤이어 시너지 창출 및 신규 시장 진출을 위한 시간 단축, 규모의 경제 및 시장 지배력 확대 순으로 인수·합병을 추진하는 것으로 나타났다.

이상의 내용을 종합할 때 예비 창업가는 자신이 준비하는 사업 부문에 대한 인수·합병 차원의 준비와 관점도 수립해야 한다. 상황이 바뀌어 중간에 사업체를 매각하려 할 때 잠정 후보군은 누가 될 것인지, 반대로 사업을 확장하기 위해 인수하거나 협업할 수 있는 후보 기업은 누가 될지 지속적으로 관심을 갖고 사전 접촉을 해둘 필요가 있다.

창업, 누구와 해야 하나

동업자와의 창업, 상상과는 다르다

흔히 혼자서 창업하는 것보다 몇 사람이 공동 창업하는 것이 훨씬 수월할 것이라고 여기곤 한다. 창업에 필요한 다양한 자질과 자원을 모두 갖춘 사람은 없다. 창업경진대회나 창업 교육 과정에서 마주치는 스타트업 기업 대부분은 1인 창업보다 공동 창업인 경우가 많다. 사실 혼자서 창업을 준비하는 것은 여럿이 함께 준비하는 것보다 험난하다. 대개 자신의 부족한 부분을 보완하기 위해 공동 창업을 선택하는 경우가 많다. 하지만 이는 크게 잘못된 생각이다. 공동 창업의 경우 실패의 가장 큰 사유가 동업자와의 불화라는 사실만 보더라도 공동 창업 시 새로운 난관에 직면하게 된다.

가장 흔히 불거지는 문제 중 하나가 수익 배분 문제다. 함께 창업하자고 설득할 때 가장 쉬운 방법은 더 많은 월급 또는 지분과 같은 수익을 제공하는 것이다. 이러한 이유 때문인지 창업 팀의 73퍼센트가 설립 후 한 달 이내에 지분을 분배하는 것으로 나타났다. 처음부터 수익 배분 기준을 명확히 해 분란의 소지를 막겠다는 의도도 담겨 있을 것이다.

지분과 직함 배분부터 골칫거리

창업 초기에 서로의 능력과 자질이 미처 확인되지 않은 상태에서 지분을 분배하는 것은 추후 많은 문제를 일으킬 수 있다. 실제 업무를 수행하는 과정에서 공동 창업가 중 누구의 능력은 과대평가됐고 누구의 능력은 과소평가됐다는 점을 알게 된다. 이러한 실수는 바로잡기가 몹시 어렵다. 일단 준 것을 빼앗기는 더욱 어렵다. 초기 자금 여력이 없는 스타트업의 경우 공동 창업가에게 금전적인 이익 대신 직급과 권한을 제시하는 경우가 더 많다. 누구는 CEO, 누구는 최고기술책임자(CTO), 누구는 최고재무책임자(CFO) 등으로 직함을 나누어 갖는 것이다.

실제 이와 관련된 연구에서도 창업팀의 89퍼센트가 최고 책임자급 직함을 최소 1명 이상 두고 있는 것으로 나타났다. 세부적으로는 79퍼센트가 CEO라는 직함의 창업가를 두었으며, 45퍼센트가 CTO 내지 최고보안책임자(CSO), 14퍼센트가 최고운영책임자(COO), 8퍼센트가 CFO 등을 두고 있었다. 심지어 CEO가 아니라 회장이라는 직함을 둔 창업팀도 18퍼센트나 됐다.

초기에 직함과 직급을 나누어 갖는 것 역시 창업 실패를 부르는 지름길일 수 있다. 창업 이후 일정 시점이 되면 회사를 확장하

창업 이후 일정 시점이 되면 동업자 간의 업무를 확실히 나누고 회사 조직을 세분화해야 한다. 마이크로소프트의 공동 창업가인 빌 게이츠와 폴 앨런.

기 위해 직원 수를 늘리고 업무 영역별로 회사 조직을 세분화해야 한다. 그 과정에서 자연스럽게 창업가들의 역할 또한 변화해야 한다. 즉 창업가들은 경기를 직접 뛰는 선수가 아니라 코치나 감독의 역할을 수행해야 한다. 관리자가 되어 회사를 운영해야 하는 입장으로 변한 것이다.

이 과정에서 개발자 출신 창업가가 관리자 역할도 잘하리라는 보장은 없다. 오히려 이들의 부족한 경영 능력이 회사가 한 단계 도약할 기회를 놓치게 만드는 요인으로 작용하기도 한다. 이러한 경우 외부로부터 재무, 운영관리 등 각 분야의 전문가를 초빙해 부족한 부분을 메꾸는 것이 중요한데, 이미 최고책임자급 직함을 공동 창업가들이 골고루 나누어 가졌기 때문에 외부 전문가를 영입하기가 어려울 수 있다. 일단 부여한 직함을 다시 빼앗기는 어렵기 때문이다.

수익 배분 문제를 뒤로 미루는 것이 상책은 아니다. 대학 동기나 친구와 같은 지인들과 공동 창업할 경우에는 직함과 수익 배분 문제를 뒤로 미루는 경향이 많다. 이는 인간관계 때문에 민감한 문제를 테이블 위에 올려놓기를 주저하기 때문이다. 하지만 오래 알고 지낸 사이라고 해서 추후에 이런 문제가 저절로 해결되는 것은 아니다. 각자 머릿속으로는 자기 나름의 지분과 직함을 생각하고 있다.

잘 아는 사람이라고 해서 먼저 결정해서도 안 된다. 개인이 가진 역량과 무관하게 출산, 이혼 등 가정사의 변화로 인해 당초 기대한 바를 수행하지 못하는 경우도 비일비재하기 때문이다. 이상의 내용을 종합할 때 공동 창업가와의 배분 문제는 서로 간의 역량과 역할이 어느 정도 확인된 뒤 모두가 동의할 수 있는 선에서 결정해야 한다. 결정한 내용 역시 회사의 지속적인 발전을 위해 서로 간의 합의 아래 조정될 수 있다는 점도 사전에 양해를 구하는 배려가 필요하다.

인센티브 제도는 과연 효과적일까?

창업 초기에 동료들을 독려하기 위해서 많은 CEO들이 파격적인 수준의 인센티브를 제시하곤 한다. 하지만 생각보다 동료가 이러한 인센티브 요인에 좀처럼 반응하지 않을 때가 많다. 왜 이런 현상이 일어날까?

인센티브 제도를 효과적으로 활용하기 위해 구비해야 할 중요

요건인 신뢰와 관련된다. 신뢰는 지극히 당연한 구성 요소이므로 그만큼 결정적인 역할을 한다. 고용주가 아무리 파격 수준의 능률급이나 성과급을 약속했다 하더라도 실제 해당 과업을 달성했을 때 당초 약속한 급여를 제공할 것이라는 믿음이 없다면 어떤 근로자도 적극적으로 과업에 참여하지 않을 것이기 때문이다. 근로자는 과업 목표를 달성했을 때 경영자가 약속을 변경할 충분한 유인이 있음을 잘 알고 있다. 과업 수행 전에는 자신의 근무 태만이나 도덕적 해이 등을 방지하기 위해 파격 수준의 인센티브를 제공하겠다고 약속했지만, 실제 그러한 과업을 달성할 경우 경영자는 또 다른 인센티브 구조에 직면한다.

가장 유치하고 치졸한 방법은 제공하기로 한 인센티브를 제공하지 않는 것이다. 하지만 이러한 방식 이외에도 경영자는 다양한 유인에 빠질 수 있다. 먼저 과업을 초과 달성했을 때 경영자는 인력이 충분하다고 생각하게 된다. 따라서 과업 목표를 초과 달성할 경우 근로자 중 일부를 해고할 가능성이 생긴다. 또 다른 유인으로는 근로자에게 더 많은 과업 목표를 요구할 수 있다는 점이다. 근로자 입장에서는 경영자가 당초 약속한 급여를 지급했다 하더라도 본인의 해고 가능성이 높아지거나 향후 더 높아진 과업 목표를 제시받을 경우 결코 경영자가 약속을 지켰다고 생각하지 않을 것이다. 따라서 인센티브 제도를 제대로 구현하기 위해 구축해야 할 신뢰 수준은 단순히 약속한 성과급을 제공하는 수준에 국한된 것이 아니라는 사실 또한 기억해야 할 것이다.

신뢰의 중요성은 또 다른 측면에서도 나타난다. 경영자가 당초 제시한 인센티브 지급 약속을 이행할 것인지에 대한 신뢰 못지않게 경영자가 자신들의 성과 수준을 정밀하게 측정하기 위해 노력할 것인지에 대한 믿음과 신뢰 또한 중요하다. 사기업인 택배 회사와 공기업인 우체국은 물류 비용을 절감하기 위해 배송 담당자의 배송 경로와 행태를 추적 관찰할 필요가 있다. 따라서 두 회사의 경영진 모두 자사의 배송 담당자에게 배송 과정에 대한 업무 평가를 실시해 이를 바탕으로 급여에 차등을 두겠다고 천명할 수 있을 것이다. 하지만 두 회사의 근로자는 상반된 반응을 보일 수 있다.

먼저 비용 절감과 이윤 창출에 민감한 사기업인 택배 회사의 경우 배송 행위를 평가해 비용을 절감하면 해당 기업과 주주의 이윤으로 이어질 것이다. 따라서 경영자는 주주로부터 배송 행위를 정밀하게 평가하도록 강한 압박을 받을 것이다. 그리고 이러한 유인 구조를 근로자 역시 인지하고 있다. 하지만 우체국은 상황이 다를 수 있다. 우체국은 택배 회사와 같이 경영자를 압박할 주주가 없다. 또 배송 시 발생하는 비용을 절감했다고 해서 이로 인해 얻은 이윤이 경영자나 근로자에게 돌아가지도 않는다. 이러한 사실을 잘 아는 우체국 직원은 경영자가 자신들을 평가하겠다고 천명했다 해도 이를 곧이곧대로 믿지 않는다. 지금 직원이 좀처럼 인센티브에 반응하지 않아 고민하는 CEO가 있다면 신뢰 측면을 돌아볼 필요가 있다.

인센티브의 역할은 동업자보다 회사 구성원에게 더욱 중요하게 작용한다. 스타트업은 어떤 기업보다 직원의 헌신적인 노력이 필요하다. 이 때문에 많은 창업가가 창업 초기 제품 개발만이 아니라, 회사 구성원이 애사심을 갖고 회사 업무에 몰입하도록 다양한 방법을 고심한다. 그리고 이 과정에서 많은 창업가가 즐겨 사용하는 방식이 인센티브 지급이다.

인센티브 형태의 급여 체계에서는 단순 고정급 급여 체계보다 높은 급여를 지급하는 것이 중요하다. 많은 회사가 능률급 지급 시 더 높은 급여를 줘야 하는데도 능률급 급여 체계를 적극 도입해 활용하고 있다. 이는 능률급을 도입해 근로자들에게 더 열심히 일할 동기를 부여하는 것이 회사에 더 큰 이익을 가져다줄 것이라는 기대 때문이다.

하지만 능률급 제도가 제 기능을 발휘하지 못하거나 다른 양상을 보이는 경우도 종종 목격된다. 이런 상황은 능률급을 통한 인센티브 원리가 성립하지 않는 업무에 적용됐기 때문이 아니다. 인센티브 원리가 제 기능을 발휘하는 데 필요한 추가적인 요건을 갖추지 못했기 때문이다. 인센티브를 제대로 활용하기 위해 필요한 구성 요건 중 하나는 인센티브로 제공되는 반대급부가 사람들의 반응을 이끌어낼 수 있는 수준으로 제공돼야 한다는 점이다.

역치threshold value란 생물학에서 사용되는 단어다. 외부 자극에 대한 특정한 반응이 일어나려면 자극이 일정 수준 이상이어야 한다. 이때 반응을 일으키는 데 필요한 최소한의 자극의 세기가 역치다. 다시 말해 역치보다 낮은 수준의 자극을 받으면 아무런 반응이 일어나지 않는다. 인센티브 역시 마찬가지다. 인센티브가 근로자에게 경제 유인으로 작용해 생산성에 변화를 주기 위해서는 변화를 이끌어내는 데 필요한 역치 이상의 경제적 반대급부가 제공돼야 한다. 쉽게 말해 너무 적은 수준의 성과급이나 능률급을 지급할 경우 아무런 효과를 거둘 수 없다는 것이다. 예상 외로 많은 스타트업 기업이 이 부분을 인지하지 못하거나 간과하는 것이 현실이다.

많은 회사 관리자나 CEO가 자신의 회사 직원은 성과급을 지급해준다고 해도 열심히 일하려 하지 않는다고 푸념하곤 한다. 이런 경우 혹시 회사가 지급해주겠다는 성과급 수준이 직원의 마음을 흔들어놓을 정도에 못 미치는 건 아닌지 혹은 추가 성과를 달성하기 위해 직원이 투여해야 할 노력에 비해 보상이 적은 것은 아닌지 점검해야 한다. 만약 회사에서 제시한 능률급 수준이 고정급에 비해 큰 차이가 없다면 아무도 이런 능률급을 받아들이려 하지 않을 것이다.

심지어 해당 직원이 숙련공이라면 아예 다른 직장을 찾아 떠날 수도 있다. 숙련공의 경우 비숙련공에 비해 능률급 지급 비율이 올라가면 이로 인해 추가로 받는 급여가 더욱 많을 수 있다. 따라서 낮은 수준의 성과급을 적용할 경우 숙련공이 비숙련공보다 크게 반발하는 게 일반적이다. 지금 이 순간 회사 구성원이 인센티브 제공에 별다른 반응을 보이지 않는다면 직원에게 제시한 인센티브가 유의미한 수준인지 고민할 필요가 있다.

효과적인 인센티브는 명확한 평가 자료에서

인센티브 제도를 효과적으로 구축하기 위해 한 가지 더 갖추어야 할 요소가 있다. 바로 명확한 평가 지표를 갖추는 것이다. 경영학의 구루였던 피터 드러커Peter Drucker는 우리에게 귀감이 되는 수많은 격언을 남겼다. 그가 남긴 격언 중 "측정하지 못하면 관리할 수 없다"는 말이 있다. 직원을 평가하거나 회사가 적절한 속도와 방향으로 운영되고 있는지를 파악하기 위해서는 이를 객관적으로 파악할 수 있는 도구가 필요하다. 이 때문에 기업은 다양한 성과 평가 지표를 개발하기 위해 노력하고 있다. 그리고 때로는 잘못된 성과 평가 지표로 커다란 낭패를 보기도 한다.

한때 은행에 다니는 지인으로부터 신용카드 하나만 만들어달라는 권유를 받은 적이 있었다. 이때 흔히 하는 말 중 하나가 카드는 발급만 하면 되고 굳이 사용할 필요가 없으며, 한두 달 뒤에 그냥 해지해도 된다는 것이다. 해당 은행 직원이 이러한 영업 행태를 보이는 가장 큰 이유는 잘못된 성과 평가 지표 때문이다.

은행 입장에서는 신용카드를 발급하는 과정에서 적지 않은 비용이 발생한다. 신용카드 제작 비용, 신용 및 재무 상태를 확인하는 비용, 카드 배송 비용 등 다양한 비용이 발생한다. 이러한 비용을 투입해 발급된 신용카드가 한 번도 사용되지 않고 한두 달 뒤에 폐기된다면 결국 해당 은행은 손해를 볼 것이다. 이러한 사실을 누구보다 명확히 아는 해당 은행 직원이 정작 회사의 손실을 유도하는 방식으로 영업 활동을 하는 것이다. 은행 직원이 이 같은 방식을 고수하는 이유는 그들의 성과 평가 지표가 고객의 신용카드 사용액과는 무관하게 단순히 발급 건수로만 측정되기 때문이다. 잘못된 성과 지표로 인해 불거진 현상이다.

오클랜드 애슬레틱스의 빌리 빈 단장은 출루율을 평가 지표로 삼아 팀의 혁신을 이루었다.

올바른 지표 적용으로 큰 성과를 거둔 사례도 많다. 메이저리그 야구팀인 오클랜드 애슬레틱스의 빌리 빈Billy Beane 단장이 대표적이다. 빌리 빈은 단장 재직 16년 동안 메이저리그 역사상 가장 놀라운 업적을 남겼다. 그가 단장으로 재직하던 당시 오클랜드 팀의 선수 연봉 총액은 8,340만 달러로 전체 메이저리그 30개 구단 중 25위 수준이었다. 하지만 승률은 전체 1위를 차지하는 놀라운 성과를 보였다. 2000~2003년에는 4년 연속 플레이오프에 올랐고, 2002년에는 메이저리그 최다승(103승)을 거뒀다.

빌리 빈 단장이 적은 연봉의 선수들로 이처럼 놀라운 성과를 올릴 수 있었던 비결은 남다른 지표 활용 방식에 있었다. 여타 야구단에서 선수를 평가하거나 영입하는 기준은 일차적으로 타율이었다. 빌리 빈 단장은 타자를 평가하고 영입하는 기준을 출루율에 두었다. 구단의 열악한 상황과 실질적으로 승리를 안겨줄 요인을 함께 고려할 때 출루율이 더욱 적합한 기준이라 판단한 것이다.

안타를 잘 치는 선수는 그만큼 높은 연봉을 줘야 영입할 수 있었다. 그러나 1루에 나가기 위해 반드시 안타를 쳐야만 하는 것은 아니다. 볼넷을 얻어도 1루에 나갈 수 있다. 빌리 빈 단장은 이 점에 주목했고 타율 대신 안타를 치든 볼넷으로 걸어나가든 1루에 더 많이 나가는 선수가 누구인지 확인할 수 있는 출루율을 중시했다. 당시 많은 구단이 선수의 타율만을 중시하고 출루율에는 주목하지 않았기 때문에 타율보다 출루율이 상대적으로 높은 선수들은 시장에서 저평가돼 있었다. 그래서 빌리 빈 단장은 볼넷을 많이 고를 줄 아는 선수를 싼값에 영입해 구단을 운영하기 시작했고, 이는 놀라운 성과로 이어졌다. 평가지표 하나만 바꿨을 뿐인데도 이 같은 변화가 일어난 것이다.

최고의 동업자는 누구일까?

다시 앞으로 돌아가자. 창업 시 가장 적합한 동업자는 누구일까? 이런 질문에 우리는 흔히 대학 동기나 중고등학교 동창과 같은 친구나 오랜 지인들을 떠올리곤 한다. 그도 그럴 것이 우리가 그동안 접해왔던 성공 스토리는 대부분 대학 동창생끼리 모여 차고를 개조한 사무실에서 혹은 동아리방에서 시작했다는 식이 많기 때문이다. 이런 스토리를 많이 접하게 된 것은 대학 동창 내지 친구들끼리 창업하는 것이 성공 확률이 높아서라기보다는 이처럼 비슷한 부류끼리 모여 창업하는 경우가 많기 때문이다.

실제 관련 통계를 보면 남성 또는 여성만으로 구성된 동성 창업팀이 혼성 창업팀보다 5배나 많다. 또 동일한 국적이나 민족끼리 창업한 팀이 그렇지 않은 팀보다 46배나 많았다. 이뿐 아니라 출신 지역, 교육적 배경, 직무 경험이 유사한 사람끼리 모여 창업하는 경우가 그렇지 않은 경우보다 훨씬 많다. 이렇게 비슷한 부류끼리 모여 창업하는 경우가 많은 이유는 궁극적으로 비슷한 부류를 선호하는 동조 성향이 있기 때문이다.

하지만 보다 근본적인 이유는 창업 초기에 비슷한 환경에 놓여 있는 사람 중에서 동업자를 구하기가 용이하기 때문이다. 비슷한 부류끼리 창업할 경우 속도라는 실질적인 이점을 누릴 수 있다. 창업 초기에는 속도 경영이 커다란 강점이 될 수 있다. 스타트업의 경우에는 아직 별다른 수익이 없기 때문에 이른 시일에 성과를 내는 것이 무엇보다 중요하다.

시제품 개발을 단기간에 완료해 외부 투자자를 모집해야 한다. 역시 단기간에 제품 생산 및 판매 성과를 보여야 한다. 자칫 성과가 늦어지면 늦어질수록 불필요한 회사 유지 비용만 늘어날 뿐만 아니라 기존 투자자들조차 사업 모델에 의구심을 갖고 투자 자금을 회수할 수 있기 때문이다. 이런 상황에서 동질감이 높은 사람들끼리 모여 창업할 경우 문제를 더 빠르게 해결할 수 있다. 실제 사업을 수행하는 과정에서도 비슷한 경험을 공유한 사람들은 공통분모가 많기 때문에 의사소통이 더 원활하다. 또한 문제가 무엇인지 함께 인식하고 이에 대한 대안을 서로 공유하는 데 소요되는 시간 또한 짧아진다. 당연히 경영 전반의 속도감을 높일 수 있다.

하지만 비슷한 부류끼리의 창업은 장기적인 관점에서는 부정적인 효과가 더 크다. 공동 창업의 가장 커다란 이점은 창업가 간 상호보완성이다. 내가 인지하지 못한 사실, 내가 모르는 지식, 내가 알지 못한 인적 네트워크를 동업자를 통해서 보완할수록 시너지 효과가 커진다. 비슷한 부류끼리 창업할 경우 공동 창업가들이 보유한 인적 네트워크 관련 지식, 사회적 경험 등이 상당 부분 겹칠 수 있다. 그렇다고 비슷한 부류의 동업자와 이질감 높은 동업자를 모두 보유하는 것이 해결책일 수는 없다. 여러 동업자를 모두 만족시키려면 그만큼 높은 수익을 거둬야 하는데 창업 초기에는 이를 실현하기가 쉽지 않기 때문이다.

창업 초기에는 예상치 못한 여러 난관에 직면하게 된다. 그때마다 많은 창업가는 고독한 심정에 놓이고, 자신과 함께 고민하고 힘이 되어줄 동료가 그리워진다. 하지만 선부른 동업은 더 큰 고민거리가 될 수도 있다.

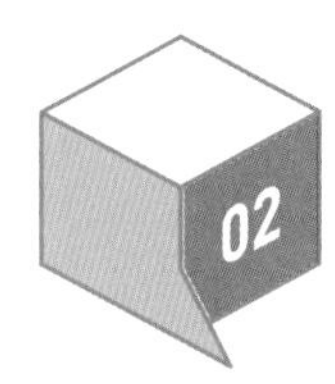

가족 창업은 과연 구태의연한 창업 형태인가

가족기업은 대학 동기, 오래된 동네 친구보다 더 보편적인 공동 창업 형태다. 미국의 경우 전체 기업 중 가족기업이 차지하는 비중이 90퍼센트에 육박한다. 프랑스, 영국, 독일은 전체 기업의 60퍼센트 이상, 이탈리아는 90퍼센트가 가족기업에 해당한다. 법인이 아닌 개인 창업 비율이 93.3퍼센트에 육박하는 우리나라 역시 창업 초기 회사 주요 구성원이 가족인 경우가 많다. 특히 최근에는 청년 실업난과 황혼 재취업난이 동시에 가중되면서 부모와 자식 간 창업, 형제 간 창업 등이 점점 늘어나고 있다.

하지만 가족 창업을 바라보는 시선은 그리 긍정적이지 못하다. 그것은 가족 창업이 지인 창업보다 구시대적 방식이며, 성공 확률 또한 낮다는 선입견 때문이다. 하지만 실제로 가족기업은 일반 회사보다 훨씬 오래 지속되며, 성과 측면에서도 훨씬 높은 결과를 보이는 것으로 확인된다.

특정 기업이 해당 분야에서 탄탄히 자리매김했다는 대표적인 증거는 증시 상장일 것이다. 이러한 관점에서도 가족기업의 성과는 남다르다. 전체 코스피 상장기업과 코스닥 상장기업의 약 70퍼센트가 가족기업으로 시작했기 때문이다. 로널드 앤더슨Ronald Anderson과 데이비드 리브David Reeb가 《파이낸셜저널》에 발표한 연구에 따르면, 가족기업의 평균 실적은 S&P500 인덱스 평균을 뛰어넘는 것으로 확인됐다. 유럽 기업을 중심으로 한 벤저민 마우리Beujamin Mauri의 연구 결과 역시 가족기업이 비가족기업보다 더 높은 성과를 보인 것으로 나타났다.

가족기업은 위기에도 강한 것으로 확인됐다. 크레디트스위스 은행 이머징마켓연구소의 연구 결과에 따르면, 아시아의 가족기업은 2000년대 초반 IT 버블과 2008년 금융위기를 겪었음에도 불구하고, 2000년에서 2010년까지 누적 수익 26.5퍼센트, 연평균 13.7퍼센트라는 경이적인 성과를 보였다.

가족기업의 위기관리 능력은 기업의 수명 연장으로 이어진다. 일반 기업의 평균 수명이 15년이고, 가족기업의 평균 수명은 24년에 달한다. 미셰린, SC존슨, 이케아, 허쉬 등 우리에게 친숙한 기업 상당수가 가족기업이며, 이들 중에는 설립된 지 100년 가까이 된 기업도 많다.

가족기업이 일반 기업보다 우수한 성과를 보이는 이유는 무엇일까? 가장 큰 요인으로는 가족이라는 남다른 결속력을 꼽을 수 있다. 창업 초기에는 예상치 못한 여러 어려움에 직면하게 된다.

일반 동업자는 당초 기대했던 성과를 달성하지 못했거나 사업 추진 방식이 맘에 들지 않을 경우 쉽게 그만둘 수 있다. 이러한 동업자의 갑작스러운 중도 이탈은 창업 초기 실패 요인으로 작용하기도 한다. 가족은 다르다. 가족은 미우나 고우나 평생을 봐야 한다. 따라서 소소한 이익 배분 문제나 사업 수행 과정에서 갈등이 생겼다고 해서 등을 돌릴 수 없다. 가족이라는 결속력이 사업 수행 과정에서 든든한 버팀목이 되어주는 것이다.

가족기업의 또 다른 강점으로는 투철한 주인의식을 꼽을 수 있다. 창업 초기에는 소수 인원만으로 회사를 운영해야 한다. 더군다나 이들 소수 인원은 불과 몇 달 지나 퇴사하는 경우도 허다하다. 그렇기 때문에 창업 초기에는 한두 사람의 진정성 있는 직원만 있어도 회사 운영이 훨씬 수월해진다.

이상에서 열거한 가족기업의 장점이 발휘되기 위해서는 단순히 인건비를 아끼기 위해 가족을 동원하려는 태도가 아니라 100년 이상 지속될 회사를 설립하겠다는 태도가 선행되어야 한다.

창업 초기 직원은 어떻게 뽑아야 하나

창업의 성패를 좌우하는 가장 결정적인 요인을 꼽으라면 역시 '사람'이다. 어떤 사람들과 동업하느냐, 어떤 사람들로 초기 멤버를 구성했느냐가 사업 초기에 직면하게 될 여러 어려움을 해결할 가장 중요한 열쇠이기 때문이다. 이미 성공한 기업은 사업 수행 과정에서 직면하는 여러 어려움을 극복할 수 있는 다양한 인력풀을 보유하고 있다. 사원 중 특정인이 이직이나 일신상의 사유 등으로 원활한 업무 수행이 어려울 때, 내부에서 이를 대체할 수 있는 인력을 이미 확보하고 있는 경우가 많다. 설사 내부 대체 인력이 없다 하더라도 자금 등을 활용해 아웃소싱으로 해결할 수 있다.

하지만 이제 막 창업한 스타트업 기업은 이러한 대응이 쉽지 않은 것이 사실이다. 창업 초에는 대체 인력과 자금이 절대적으로 부족하다. 심지어 창업 초에는 업무 수행 과정에서 1인 2역 내

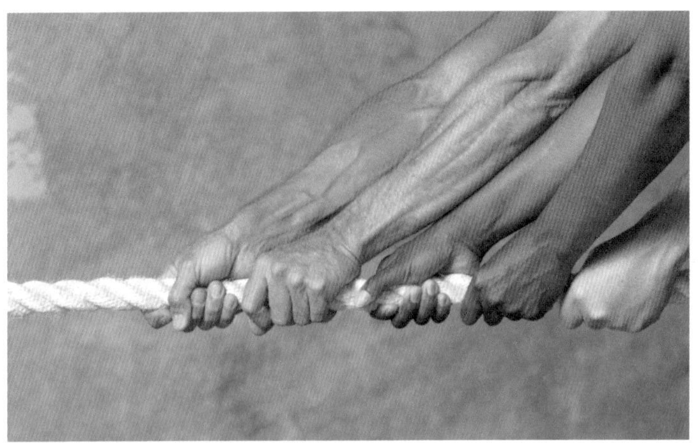

어떤 사람들과 동업하느냐, 어떤 사람들로 초기 멤버를 구성했느냐가 사업 초기에 직면할 여러 어려움을 해결할 열쇠다.

지 1인 3역을 수행해야 하는 경우도 허다하다. 그렇다면 창업 초에는 어떤 사람을 어떤 기준으로 채용해야 하는가?

이 문제에 있어서도 스타트업 기업은 기존 기업보다 불리한 측면이 많다. 가장 먼저 채용 기준을 설정하기가 어렵다는 점을 들 수 있다. 기존 기업은 대규모 공채 혹은 이전 채용 경험을 통해 해당 회사에 필요한 사람의 적정 기준을 설정할 수 있다. 이를 바탕으로 지원자의 학력과 직무 경력의 많고 적음을 판단하고 채용 여부를 결정할 수 있다. 인지도가 떨어지는 스타트업 기업은 지원자들이 하루 건너 한두 명씩 찾아오는 경우가 많다. 이러한 상황에서 최적의 직원을 찾기란 결코 쉬운 일이 아니다. 더 좋은 지원자가 찾아오겠지 하는 마음에 돌려보낸 사람이 가장 적합한 후보인 경우가 많다. 반대로 이미 채용을 마감한 뒤에 제일 좋은 후보가 지원하는 경우도 많다.

이러한 상황에서 무턱대고 설립 초기 구성원을 뽑기보다는 나름의 표본을 확보해 적정 기준을 설정한 뒤에 최종 채용 여부를 결정하기를 권하고 싶다. 구체적으로 설명하자면 앞서 몇몇 지원자를 면접하면서 전체 지원자 풀의 표본을 갖추는 것이 중요하다. 이 표본을 바탕으로 지금까지 만난 사람 중에서 가장 부적합한 후보자는 어떤 수준인지, 반대로 가장 훌륭한 후보는 어떤 수준인지를 가늠할 수 있다.

이렇게 표본이 설정되면 채용이 한결 수월하다. 사업 성패를 결정할 중요한 업무 영역의 경우에는 표본 지원자 중 가장 훌륭한 지원자보다 나은 후보자가 지원할 때까지 면접을 진행할 수

창업 회사가 초기 구성원을 모집할 때는 표본에 따른 구체적인 채용 기준을 정해야 한다.

도 있을 것이다. 반대로 자금 여력이 없는 스타트업은 업무 중요도가 낮은 부문에는 다소 경력이 부족하지만 적은 급여에 적합한 사람을 찾을 수도 있다. 최종 후보를 찾기 위해 지나치게 채용을 오래 끌어서는 안 된다. 자신이 설정한 기준에 부합하는 사람이 끝까지 나타나지 않을 수도 있기 때문이다. 따라서 일정 규모의 사람들을 면접한 후에도 적합한 지원자가 나타나지 않을 경우에는 지나치게 까다로운 기준을 재수정할 필요가 있다.

또 한 가지 중요한 사실은, 스타트업 기업의 면접에는 지원자의 사생활 영역에 대한 질문도 어느 정도 필요하다는 것이다. 직무 경력 등은 완벽하지만 배우자의 이직, 임신 등 가정환경 변화로 채용 초기에 기대했던 성과를 내지 못하는 직원들이 종종 있기 때문이다. 다수의 인력을 확보한 기존 기업은 다른 직원이 이를 충분히 보완할 수 있지만, 스타트업 기업의 설립 멤버는 1인 2역, 1인 3역을 수행해야 한다.

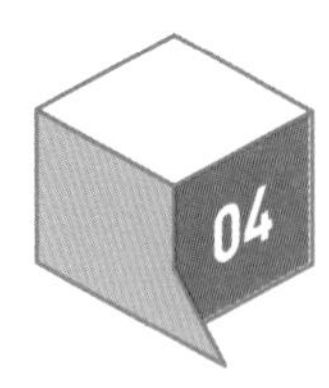

창업 초기 직원은 많을수록 좋을까

CEO 입장에서는 많은 직원을 보유하고 싶은 다양한 이유가 있다. 먼저 대외적인 위상 내지 신뢰도를 꼽을 수 있다. 외부 업체나 고객이 특정 회사의 상황을 판단하기 위해 직원이 몇 명이나 되는지를 은근슬쩍 물어보는 경우가 많다. 이때 직원이 2~3명 있다고 답변하는 기업과 30명 가까이 있다고 답변하는 기업이 지속 가능성, 견실함, 자금 여력 등에 대해 다른 평가를 받게 되는 것은 당연하다. 직원이 30명이라면, 매달 이들에게 지급할 월급을 감당할 수 있는 자금 여력 또는 업무 실적을 갖추었다는 의미이기 때문이다.

직원이 많을수록 CEO 자신의 위상 역시 높아진다. CEO의 사회적 위상은 해당 기업이 얼마나 많은 이익을 달성하느냐보다 얼마나 많은 직원을 보유하고 있느냐에 따라 결정되는 경우가 많다.

적은 직원으로 큰 수익을 올리는 기업의 CEO보다 수익이 적더라도 오랫동안 많은 직원을 고용하는 기업의 CEO가 더 좋은 평가를 받는다.

10명도 안 되는 직원을 데리고 수십억 이익을 내는 CEO보다 다년간 적자를 기록하더라도 300~400명 직원을 보유한 CEO를 높이 평가하는 경향이 있다.

이상에서 열거한 이유로 인해 창업 초부터 수시로 직원을 뽑을 요인은 충분하다. 하지만 이 과정에서 주목해야 할 것이 하나 있다. 바로 링겔만 효과Ringelmann effect다. 링겔만 효과는 직원이 많아지면 많아질수록 사회적 태만이 발생할 수 있다는 사실을 보여준다. 1913년에 독일의 심리학자 막시밀리안 링겔만Maximilien Ringelmann은 흥미로운 실험을 수행한 바 있다. 그는 실험 참가자에게 줄다리기를 하도록 지시했다. 줄다리기 줄에는 참가자 각자 얼마나 세게 줄을 당기는지를 확인할 수 있는 장치를 달았다. 이를 통해서 혼자서 줄을 당길 때와 집단 전체가 줄을 당길 때 힘의 크기를 비교했다.

물론 여럿이 줄을 당기면 당연히 혼자 당길 때보다 힘의 총합이 커지기 마련이지만 놀랍게도 한 명의 참가자가 집단에 추가된다고 해서 집단 전체의 힘이 그와 비례해 커지지는 않는다는 것을 확인할 수 있었다. 예를 들어 집단이 3명이면 2.5명의 힘이 측정됐다. 집단이 8명이면 6명도 채 안 되는 크기의 힘을 발휘했다. 이렇게 집단이 산출하는 결과가 개인의 노력을 모두 합한 값보다 작다는 것이 링겔만 효과다.

오하이오주립대학교 빕 라테인Bibb Latane 교수 연구팀도 이와 유사한 실험을 수행한 바 있다. 그들은 실험 참가자에게 소리를 지르도록 하는 방식으로 줄다리기 실험을 대체했다. 혼자 소리를 지를 때 낸 소리 크기와 그룹이 다 같이 소리를 지를 때 낸 소리의 크기를 비교했다. 참가자에게 가능한 한 크게 소리를 지르라고 했음에도 혼자일 때보다 4명이 소리를 지를 때는 각자 내는 소리가 훨씬 작았다.

이러한 사실을 통해서 많은 창업가가 주목할 부분은 직원 1명을 추가할 때마다 그에 비례해서 업무 효율성이나 성과가 함께 높아지지 않는다는 점이다. 인력 충원을 고민하면서 신규 직원이 자기 몫을 충분히 해줄 것이며, 기존 직원과 시너지를 내 더 큰 성과가 날 것으로 기대하는 CEO가 있다면 집단일 때 발생하는 사회적 태만 현상을 다시 한번 떠올려야 한다.

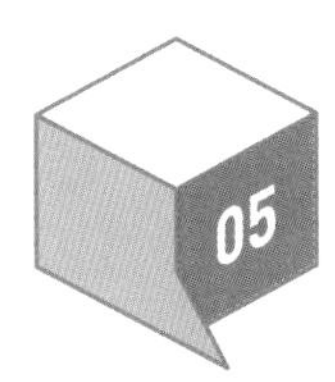

성공을 위해서는 B급 사원에 주목해야 한다

축구, 농구 등 스포츠 경기를 좋아하는 사람이라면 흥미로운 현상을 종종 발견할 때가 있다. 각 포지션을 최고의 선수로 구성한 팀이 오히려 승률이 떨어지거나 우승권에는 있지만 정작 우승은 하지 못하는 독특한 현상이다. 이런 현상은 비단 스포츠 구단뿐만 아니라 기업에서도 일어나는 듯하다. 구성원을 A급 사원만으로 구성한 기업보다 A급, B급 인재가 섞여 있는 기업이 더 높은 성과를 낼 때가 종종 있기 때문이다. 왜 이러한 현상이 나타날까?

A급 인재와 B급 인재의 특성을 살펴보면 쉽게 알 수 있다. 높은 학력이나 경력을 갖춘 A급 인재는 본인이 창업 성공 스토리에서 직접 스포트라이트를 받고 싶어한다. 따라서 창업 초기 사업모델이 자신이 제시한 아이디어를 기반으로 구축되길 강력히 희망한다. 그뿐 아니라 회사 이름, 로고, 제품명, 광고 슬로건 등 모

회사에는 눈에 띄지 않지만 회사를 유지하는 데 필요한 일을 묵묵히 하는 B급 인재가 있어야 한다.

든 안건에 적극적으로 의견을 개진하며, 자신의 의견이 관철되지 않을 경우 누구보다 커다란 실망감 혹은 반발감을 갖는다. A급 인재 대부분은 자기 확신력이 높기 때문이다. 당연히 이런 사람만으로 구성된 창업팀은 불협화음을 낼 가능성이 그만큼 높으며, 창업 과정에서 팀 자체가 깨지는 경우도 비일비재하다.

A급 인재와 B급 인재는 다르다

A급 인재만으로 창업팀을 구성한 기업이 성공하기 어려운 이유는 더 있다. A급 인재는 기업 경영 활동을 지속적으로 유지하는 데 필요한 일상 업무에 관심이 없다. 회사가 유지되려면 누군가는 일상적이고 반복되는 업무를 해야 한다. 외부에 대금을 지급하고 직원에게도 월급을 지급해야 한다. 회사 비품도 정기적으

로 채워넣어야 하며, 신용카드 영수증도 처리해야 한다. 일반적으로 A급 인재는 이러한 단순 업무에 흥미를 느끼지 않는 경우가 많다. 심지어 이러한 업무를 시키면 답답함을 느끼거나 회사 자체에 대한 만족도마저 떨어지곤 한다. A급 인재는 스스로 스타여야 한다고 생각하는 것이다.

하지만 B급 인재는 다르다. B급 인재는 회사가 지속가능한 형태로 유지되는 데 필요한 업무를 묵묵히 담당한다. 그렇다고 해서 B급 인재가 A급 인재보다 역량이 떨어지는 것도 아니다. 사실 B급 인재로 분류되는 구성원 중에는 A급 인재만큼 역량을 보유하고 있지만 개인적인 가치관의 차이로 이러한 업무를 담당하는 경우가 많다. A급 인재만큼 역량 있는 B급 인재 대부분은 일과 생활의 균형을 중요시하는 경우가 많다. 즉 A급 인재만큼 회사 업무에 많은 시간을 투여하고 싶어하지 않으며, 주어진 업무를 성실히 완수한 후 개인적인 삶을 즐기고자 하는 사람이 많다. 또한 외부인으로부터 크게 주목받는 것 자체에 관심이 덜하다.

하버드대학교 경영대학의 연구 결과에 따르면 조사 대상 CEO의 90퍼센트 가까이가 A급 인재로 분류되는 직원에게 자신의 시간 대부분을 할애하는 것으로 확인됐다. 많은 창업가나 CEO는 A급 인재에 더 각별한 애정을 보이거나 이들의 가치를 더 크게 여기는 경향이 있다. 하지만 하버드대학교 경영대학에서 수행한 또 다른 연구 결과에 따르면, 회사의 장기 성과는 A급 인재보다 B급 인재의 영향을 더 크게 받는다고 한다.

지금 자신과 밤을 새워가며 제품 개발에 몰두하고 있는 직원에게만 감사한 마음을 갖는 창업가가 있다면 뒤에서 야식을 챙겨 주는 직원, 테이크아웃 커피를 사다 주는 직원도 그에 못지않게 기여하고 있음을 기억해야 한다.

인재의 어떤 부분을 봐야 하는가?

B급 인재의 가치에 동의함에도 불구하고 많은 창업가들은 사실 모든 부분의 역량을 다 갖춘 인재들을 꿈꾼다. 창업 초기에는 제한된 예산과 적은 인원만으로 여러 일을 해야 하기 때문이다. 하지만 우수한 인재를 유치하는 것은 스타트업에서는 결코 쉬운 일이 아니다. 모든 부문의 역량을 두루 갖춘 인재가 아직 검증도 안 된 회사에 입사할 리 없기 때문이다. 그렇다면 결국 어떤 부분은 포기하고 어떤 부분을 취해야 한다. 이러한 상황에서 창업 초기 팀을 구성할 때 어떤 부분을 먼저 포기해야 할까?

이 질문에 내가 만난 많은 예비 창업가들은 능력과 관련된 부분은 결코 포기하기 어렵다는 반응을 보였다. 다시 말해 창업 초기 팀 구성원들의 지적 능력이 월등해야 한다고 생각하거나 남다른 학습 능력으로 향후 전개될 상황에 빠르게 적응하는 인재를 선호하는 경향이 많았다. 때때로 추진력을 높이 평가하기도 했다. 실제 창업의 성패는 기획이 아니라 실행에 달려 있음을 인지하고 있는 CEO 또는 창업을 실패한 뒤 재창업을 시도하는 CEO들이 특히 추진력을 높이 평가하는 경향이 많았다.

창업 초기 팀을 구성할 때 가장 고려해야 할 부분 중 IQ 못지않게 중요한 부분은 EQ다. 창업 초기에는 불과 5명 내외의 인원이 작은 사무실에 모여 생활해야 한다. 이러한 상황에서는 구성원 간에 부딪히는 일이 많아진다. 회사 구성원이 많을 때는 그야말로 군중 속 한 명이기 때문에 한 사람의 성격이나 개성이 크게 부각되지 않는다.

하지만 소수의 인원으로만 회사가 구성되었을 때는 상황이 전혀 다르다. 자신이 평소 무심코 내뱉은 말들을 회사 구성원 전원이 듣게 된다. 또한 자신의 개인적인 취향이나 기호 등이 모든 회사 구성원들과 공유될 때가 많다. 단순히 개개인의 정보가 노출된다는 의미를 넘어 이러한 개개인의 정보와 성향이 상호 충돌될 때가 많다는 점에 특히 주의해야 한다.

수많은 사람이 함께 근무하는 규모 있는 기업에서는 평소 비호감인 직원이 있다 하더라도 마주칠 기회가 많지 않기 때문에

창업 초기에는 상대방에 대한 배려와 자신에 대한 성찰을 겸비한 EQ 높은 직원이 든든한 버팀목이 되어준다.

회사 업무를 수행하는 데 크게 문제가 되지 않는다. 하지만 작은 사무실에서 소수의 인원이 근무하는 스타트업에서는 마음에 들지 않는 직원이 있을 경우, 매일매일의 업무에 커다란 지장을 초래한다. 우리는 모두 이성과 감정이 있는 동물이기에 감정적인 요인이 회사 전반의 업무 수행과 판단에도 커다란 장애를 야기할 수 있다. 창업 초기에는 회사 업무 하나하나를 구성원들과 논의해 결정하고 진행해야 하는 경우도 많은데, 이 과정에서 평소 선호하지 않는 직원의 의견은 반사적으로 반대하게 되는 경우도 많다. 창업 초기 구성원의 관계가 이 지경까지 왔다면, 해당 스타트업의 성과를 기대하기란 결코 쉽지 않을 것이다.

이상의 내용을 고려할 때, 창업 초기 팀을 구성하면서 우리가 고려해야 할 부분은 구성원의 지적 능력, 학습 능력 못지않게 인간적인 성숙미라 할 것이다. 아직 창업 초기 구성원을 확정하지 않았다면, 소수의 인원으로 구성되는 창업 초기에는 상대방에 대한 배려와 자신에 대한 성찰을 겸비한, 속칭 EQ 높은 직원이 팀 자체를 와해시키지 않는 든든한 버팀목이 되어준다는 것을 기억해야 한다.

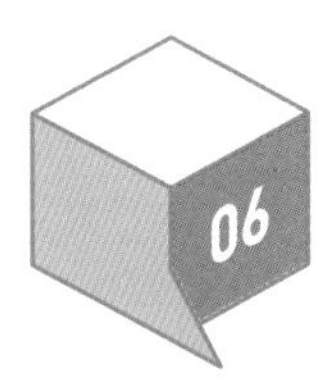

창업 후 가장 손쉬운 인력 수급은 사내 채용이다

창업 기업의 경우 어느 정도 성장하고 난 뒤에도 여전히 직원들의 이직률이 여느 대기업보다 높은 것이 통상적이다. 이처럼 높은 이직률은 업무 연속성이 떨어지거나 사내 구성원의 업무 노하우 축적을 저해하는 결과로 이어지곤 한다. 이러한 단점을 극복할 수 있는 유용한 대안으로 내부 채용을 검토해볼 필요가 있다.

일반적으로 외부에서 영입한 신규 직원은 경영 성과 달성에 강한 의욕을 나타내는 것으로 조사됐다. 이로 인해 조직 및 업무 변화를 이끌어내는 데 강점이 있는 것으로 파악된다. 기존 조직 구성원과 이해관계가 적기 때문에 조직 문화 개선에도 적지 않은 도움이 된다. 그렇다고 해서 외부 영입 직원이 강점만 있는 것은 아니다.

이들은 상대적으로 관련 산업에 대한 전반적인 이해가 부족할 뿐만 아니라 해당 기업의 문화에 적응하고 구성원과 유대감을 형성하는 데 실패할 가능성이 높다는 약점이 있다. 반면에 내부 직원은 해당 산업과 구성원에 대한 전반적인 이해도가 높을 뿐만 아니라 비교적 커다란 저항감 없이 조직을 안정적으로 이끌어갈 수 있다는 강점을 갖고 있다.

그러나 내부 영입은 급진적인 업무 개선을 기대하기는 어렵다. 회사란 기존의 업무 행태와 내용을 존중해야 할 때가 많다. 새로 채용한 사람이 회사의 문제점을 급격히 개선해주리라 기대하며 채용 공고를 내는 회사도 있다. 하지만 그렇다고 해서 변화부터 선도하는 것은 무리가 따를 수 있다. 간혹 동일한 업무를 수행하는 구직자를 찾는다는 공고를 수시로 내는 회사들이 있다. 이 경우 신규 채용한 사람이 업무에 적응하지 못하고 곧바로 그만둔 경우가 많다. 이러한 보직에 지원할 경우 해당 회사의 기존 업무

내부 직원은 해당 산업과 기업 문화에 대한 이해도가 높고 비교적 저항감 없이 조직에 녹아들 수 있다.

내용과 방식에 적응하는 것이 무엇보다 중요하다. 변화는 그다음 일이다.

새로 입사한 직원은 자신을 뽑아준 회사를 위해 곧바로 소기의 성과를 내고자 하는 욕구가 강하다. 이러한 이유로 입사 이후 바로 새로운 사업을 연이어 추진하는 경향이 있는데, 이는 오히려 조직에 손실을 야기하게 된다. CEO가 전략과 비전을 사내 구성원에게 설득하는 작업을 수행해야 함에도 기존 직원에게 적극적인 참여를 기대하기란 쉽지 않다. 기존 직원이 바로 예전 전략과 비전을 적극적으로 구성원에게 전파한 당사자이기 때문이다.

이처럼 내부 영입과 외부 영입의 분명한 장단점은 선택을 어렵게 만드는 요인이기도 하다. 그런데 최근 에드워드 제이작Edward J. Zajac 노스웨스턴대학교 교수가 이와 관련해 커다란 시사점을 주는 연구 성과를 발표했다. 제이작 교수는 외부 영입이 성과를 내기 위해서는 채용 전후에 특정한 상황을 만들어줘야 한다고 제시했다. 즉 그는 시장이 급변하거나 불확실성이 높아 과감한 업무를 추진해야 할 상황일 때, 외부에서 새로 직원을 영입해야 한다고 봤다.

최근 코로나19로 취업난이 가중됨에 따라 원치 않는 직장을 다니며 재취업을 노리는 사람들이 점차 늘고 있다. 이 때문에 스타트업 기업에 관심이 없는데도 일단 취업부터 해야겠다는 마음에 지원하는 사람들이 늘고 있으며, 결국 스타트업 이직률은 더욱 높아진다. 이러한 상황에서 신규 채용의 주효한 대안 중 하나가 사내 채용이다.

최근 창업 트렌드는 극소화 기업

창업 초 적정 인력 구성에 정답이란 있을 수 없다. 창업가의 향후 추진 계획과 사업의 내용에 따라 적정 인원은 크게 달라질 수밖에 없다. 하지만 최근 국제적으로 창업 초 인력 구성 부분에서 주목할 만한 트렌드가 형성되고 있다. 그것은 다름 아닌 고용 규모를 최소화한 극소화 기업이 대두되고 있다는 점이다.

OECD에서 최근 발간한 기업가 정신 관련 보고서에 따르면, OECD 주요 국가에서는 창업과 함께 직원을 고용하는 기업의 경우 창업 초기 1~4명의 인원을 채용하는 것으로 조사됐다. 이와 함께 해당 보고서는 최근 고용 규모를 최소화하는 극소화 기업 또는 자기 고용 형태의 창업이 증가하고 있다고 지적했다. 극소화 기업이란 10명 이하 직원을 보유한 기업을 지칭한다.

그런데 주목할 점은 조사 대상 기업의 50퍼센트 이상이 별도의 직원을 고용하지 않은 채 1인 기업 형태로 회사를 운영·관리하고 있었다는 사실이다. 직원을 고용하지 않았다고 해서 이들 기업이 필요한 사업 내용을 대폭 축소한 것은 결코 아니다. 이들 극소화 기업은 기업 활동을 수행하는 과정에서 필요한 다양한 지원 요소를 플랫폼을 비롯한 최첨단 IT 기술을 활용해 처리했다. 심지어 IT 환경을 활용해 수출에도 적극 참여하는 것으로 확인됐다. 극소화 기업은 수출 금액 자체는 미미하지만 국가마다 수출 기업의 25퍼센트에서 70퍼센트까지 차지하는 것으로 나타났다.

OECD는 극소화 기업과 함께 자기 고용 형태에 주목한다. 자기 고용self employment이란 자기 스스로 회사를 설립해서 일하는 것을 지칭한다. 우리나라에서는 흔히 개인사업자, 1인 창업가 등으로 통칭된다. 조사 대상 OECD 국가 대부분이 시간제 근무 형태의 일자리가 증가하면서 자기 고용 형태의 창업이 꾸준히 증가해 온 것이다. 물론 그리스, 일본, 포르투갈 등 일부 국가에서는 자기 고용 비율이 감소하는 것으로 확인됐다. 하지만 이들 국가를 제외한 조사 대상 대부분의 국가에서는 자기 고용 형태의 창업이 지속적으로 증가하는 추세에 있다. 자기 고용형 기업의 대두는 기업의 고유 업무가 본질적으로 일시적이거나 불안정한 상태인 경우가 점차 증가하기 때문인 것으로 진단된다.

이상의 내용을 종합할 때 우리나라를 비롯한 주요 국가의 예비 창업가는 증가하는 불확실성 속에서 가장 안정적인 창업 방식으로 고용 규모를 극소화한 형태의 창업을 선호함을 알 수 있다. 그리고 이 과정에서 다양한 IT 서비스를 활용해 보유 인력 부족의 단점을 극복하는 것으로 나타났다. 누군가를 채용해 함께 사업을 꾸려나간다는 것은 결코 가볍게 결정할 수 있는 일이 아니다. 고용인뿐만 아니라 피고용인에게도 지대한 영향을 끼치는 요인이다.

많은 스타트업이 인력 부족에 허덕이고 있다. 사실 창업 초기에는 소수 인원으로 회사 운영에 필요한 업무를 모두 처리해야 하기 때문에 그야말로 팔방미인형 인재가 필요할 때가 많다. 창업 초기에는 이런 인재를 뽑기가 여간 어려운 일이 아니다. 이 때문에 창업 초기에 가장 흔히 저지르는 실수 중 하나가 회사 조직 자체를 빠르게 키우는 것이다.

스타트업의 장점 중에는 조직 규모가 작은 덕에 발현되는 것이 많다. 가장 먼저, 민첩함과 높은 대응력을 꼽을 수 있다. 회사 조직이 커지면 전체 조직을 관리하기 위해서 여러 절차와 규칙을 정비하게 된다. 의사결정은 중앙집권적으로 되고, 조직 체계는 수직적으로 된다. 그 과정에서 관료화 현상을 피하기 어렵다.

하지만 스타트업은 조직 규모가 작기 때문에 업무를 처리할 때 규정과 제도가 까다롭지 않으며, 여러 단계를 거칠 필요도 없다. 즉 대표이사와 일선 직원이 수시로 얼굴을 맞대고 시장 상황의 변화에 따라 신속하고 민첩하게 대응할 수 있다. 민첩함과 기민함은 스타트업이 기존 기업을 뛰어넘을 수 있는 중요한 자산 중 하나다.

작은 조직으로 구성된 스타트업이 갖는 또 다른 장점으로는 높은 자율성에서 나오는 창의력을 꼽을 수 있다. 기존 회사는 조직 구성원 한 사람 한 사람의 업무 범위와 재량권이 극히 제한된다. 스타트업의 경우 아직 업무 매뉴얼이 완비되지 않았을 뿐만 아니라 소수의 사람이 회사 전반을 운영하기 때문에 업무 범위가 넓을 뿐만 아니라 재량권도 많은 편이다. 따라서 회사 구성원 개개인이 다양한 상황에 직면하게 되고, 그 과정에서 여러 실험과 실패를 경험하게 된다.

물론 치명적인 실패는 회사 경영 자체에 커다란 악영향을 주기도 하지만, 통상적인 수준의 실험과 실패는 회사 구성원에게 높은 창의력과 기업가 정신을 배양하는 기회가 되어줄 수 있다. 이상에서 열거한 바와 같이, 스타트업과 같은 작은 조직에는 기존의 큰 회사가 갖기 어려운 장점이 있다. 소수 인원이 서로 긴밀히 소통하고 이를 바탕으로 시장 변화를 빠르게 감지하고, 새로운 시도와 실험을 통해 신속하게 시장을 학습하면서 가장 먼저 시장을 선도할 수 있다.

시장 상황이 급변하는 상황에서는 새로운 기회를 인식하고 포착하는 능력이 기업의 지속적인 성장을 일으키는 주요한 원동력이다. 이 때문에 기존 대기업과 중견기업 역시 스타트업 특유의 기민함과 순발력에 주목해 회사 운영 방식 자체를 크게 변화시키고 있다. 관료화된 조직에서 벗어나 팀 단위 또는 TF 단위로 조직을 운영하는가 하면 소사장 제도나 사내 벤처 등의 제도를 도입해 과감하게 의사결정 권한을 이양하는 사례가 늘고 있다. 최근 국내 주요 대기업 직원의 명함이나 조직도에서 전략사업단위(SBU)나 운영사업부(OBU) 등의 단어를 자주 마주치는 배경도 여기에 있다.

어떤 의미에서는 수많은 스타트업이 기존에 자리매김한 기업을 뛰어넘어 새로운 혁신을 불러일으킬 수 있었던 가장 큰 원동력은 조직 자체가 작았기 때문이 아닌가 싶다. 혹시 인력이 적다며 불평하는 창업가가 있다면 이 적은 인원이 가장 큰 장점이 될 수 있음을 알 필요가 있다.

3장

사업계획서에 담아야 할 내용은 무엇인가

사업계획서에는 어떤 내용을 담아야 하나

창업을 효과적으로 준비하는 방법 중 하나는 사업계획서를 작성해가면서 창업을 준비하는 것이다. 사업계획서의 세부 내용을 염두에 두지 않고 사업 내용만을 별도로 구성할 경우 예산, 인력, 시간, 고객 등을 고려하지 않은 허황된 내용이 도출되는 경우가 많다. 그렇게 되면 사업계획서를 작성할 시점에 이르러서는 결국 사업 내용을 처음부터 다시 고민해야 할 수도 있다. 따라서 사업계획서를 계속 수정·보완해가면서 창업을 준비하면, 사업계획서에 담아야 할 여러 사항들을 고려하면서 사업을 구상하게 된다. 즉 사업계획서가 일종의 나침반 기능을 하는 것이다.

그런데 정작 문제는 사업계획서에 어떠한 내용을 포함해야 하는지가 명확하지 않다는 데 있다. 물론 사업계획서 작성 과정에서 하나의 정답이란 있을 수 없다. 사업의 내용과 분야에 따라서 사업계획서에 담아야 할 내용은 얼마든지 달라질 수 있다. 그럼에도 불구하고 사업계획서에 반드시 포함해야 할 내용들이 있다. 사업계획서 작성 시 가장 흔히 범하는 실수 중 하나는 모든 것을 지나치게 첫 출시 제품에 맞춰 기술한다는 점이다. 실제 창업 컨설팅 과정에서 마주친 많은 기업 중에는 창업 초기 유의미한 수준의 성과를 달성했음에도 불구하고 죽음의 계곡을 넘지 못하는 경우가 많았다.

이는 첫 제품 출시 이후 회사를 지속적으로 성장시키기 위해 다음에 무엇을 해야 하는지에 대한 고민이 부족했기 때문이다. 초기 제품의 성공과 함께 추가 인력, 추가 시설 투자를 감행하게 되고, 이는 자연스럽게 회사를 유지하기 위해 더 많은 수익원이 필요하게 만드는 요인으로 작용한다. 론칭 초기에 출시한 제품의 시장 규모가 상당한 수준인 경우에는 해당 제품만으로도 일정 기간 이상 회사를 성장시킬 수 있다.

스타트업들의 사업 모델은 대부분 치열한 경쟁을 피하고 수요자를 손쉽게 공략하기 위해 수요가 비어 있는 시장인 니치마켓niche market을 타깃으로 하는 경우가 많다. 하지만 해당 시장이 그동안 수요가 비어 있던 이유 중 하나는 다른 사람이 미처 생각하지 못해서일 수도 있지만, 대개 시장 규모가 협소해 수익 규모가 크지 않았기 때문이다. 따라서 니치마켓을 공략하려 했던 스타트업들의 경우에는 창업 이후 일정 시점이 되면 새로운 성장 전략이 필요하게 된다. 사업 초기 타기팅했던 고객들은 이미 제품을 구매했기 때문에 더 이상 수익원이 될 수 없는 경우가 많다. 결국 회사를 유지하기 위해서는 완전히 새로운 고객을 대상으로 새로운 제품을 기획해야 한다.

일부 사업계획서는 중장기 성장 전략을 수출에서 찾는 경우가 있다. 하지만 수출에 성공하기 위해서는 치밀한 학습이 필요하다. 이역만리에 있는 사람에게 물건을 판매하고 대금을 원활히 회수하기 위해서는 그만큼 추가 비용과 지식이 필요하다. 많은 스타트업이 이상에서 열거한 부분에 대한 사전 준비가 없어 죽음의 계곡을 넘지 못한다. 전문 벤처투자자들은 이러한 사실을 잘 알고 있다. 따라서 사업계획서를 통해 투자자를 성공적으로 유치하기 위해서는 첫 제품 출시 이후 회사를 지속적으로 운영하고 성장시킬 전략이 무엇인지에 대한 복안도 함께 들고 있어야 한다.

이런 관점에서 손정의 소프트뱅크 회장의 일화는 되새겨볼 만하다. 2011년 손정의 회장은 창업 30주년을 맞아 모든 임직원에게 향후 회사의 지속 성장 전략을 수립하기 위한 계획을 수립할 것을 요구한 바 있다. 당시 대부분 직원은 창업 30주년을 기념해 향후 또 다른 30년을 준비하는 기획안 정도를 생각했다고 한다. 하지만 정작 손정의 회장은 전 직원에게 향후 300년에 대한 계획을 세우라고 지시했다고 한다. 어쩌면 손정의 회장의 업무 지시는 급변하는 IT 분야에서 당장의 현안에 매몰되어 중장기 성장 전략의 중요성을 잊고 있었을지도 모를 직원들에게 일침을 놓기 위함은 아니었을까.

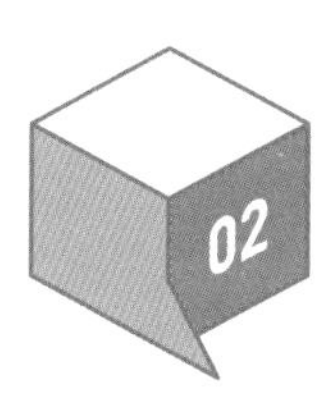

사업계획서의 필수 내용 중 하나는 고객과 판매 전략이다

사업계획서에 구체적으로 명시해야 할 또 다른 내용 중 하나는 고객이다. 고객이 외면한 제품, 고객이 외면한 회사는 영속적으로 존재할 수 없기 때문이다. 성공한 기업은 다양한 제품군을 확보하고 있다. 특정 제품 하나가 고객의 호응이 덜하다 하더라도 다른 제품이나 서비스 등을 통해 충분히 위기를 극복할 수 있다. 하지만 창업 초기에는 단일 제품이나 서비스만 갖고 시장에 진출하는 기업이 대부분이다. 이러한 상황에서는 첫 출시 제품의 성패가 곧 창업의 성패를 좌우한다. 창업 초기에는 고객의 요구에 부합하는 제품을 만들어내는 것이 절대적으로 중요하다.

고객을 파악하라

이런 관점에서 창업가들은 자신의 물건을 구매해줄 것으로 기대되는 일련의 사람을 피상적으로 고객이라는 단어 하나로 통칭할 것이 아니라 고객의 특성을 보다 면밀히 관찰하고 세부적으로 구분해 대응할 필요가 있다. 고객은 구매한 재화와 서비스를 사용하는 최종 사용자end user인 1차 고객과 구매 여부를 결정하는 의사결정권자economic buyer인 2차 고객으로 구분된다.

한 엔트리 레벨Entry level의 수입차 브랜드는 마케팅 수행 과정에서 중요한 사실을 확인했다. 초고가 수입차 시장에서는 남편과 아내가 각각 별도의 차량을 소유하는 경우가 많지만, 자사의 중저가 수입차는 차량 한 대만 보유한 집이 대부분이었다. 이런 상황에서 판매된 차량은 대부분 남편이 사용하지만, 실제 구매 여부를 결정하는 사람은 아내였다. 적지 않은 비용이 투여되는 차량 구매 여부를 아내의 동의 없이 결정하는 남편은 없었다. 이 사실을 확인한 회사는 홍보 과정에서 여성에게 어필할 수 있는 사진과 문구 등을 적극 활용해 판매량을 올렸다.

고객이라고 해서 모두 똑같은 고객은 아니다. 다른 고객에게 구매 기준점을 제시하고 그들의 구매를 독려하는 등대고객Light-house customer이 있다. 불특정 다수의 사람을 대상으로 한 대규모 마케팅과 홍보가 어려운 창업 초기에 가장 먼저 공략해야 할 고객은 바로 등대고객이다. 그렇다면 창업 초기에 잠재 고객에 관해 가장 효과적으로 학습할 수 있는 방법은 무엇일까? 가장 손쉬운 방법은 고객과 직거래하는 것이다. 이런 기회를 절대 놓치지 말라고 권하고 싶다. 창업 초기에는 자체적인 유통망이나 판매망을 확보하지 못해 대형 유통사의 힘을 빌리는 경우가 많다. 이런 방식은 자사 제품을 많은 사람에게 노출시키고 매출 증대를 도모할 수 있다는 장점이 있다. 하지만 이 판매 방식을 택하면 고객의 요구를 현장에서 직접 확인하고, 이를 바탕으로 제품의 품질 개선을 도모할 기회를 놓치게 된다.

같은 맥락에서 설문조사와 같은 문헌 조사에만 의존하는 방법 또한 위험하다. 설문조사의 경우 고객의 자기보호기제가 발현되면 정확한 답변을 이끌어내지 못하곤 한다. 한 세계적인 여성 속옷 브랜드는 신상품 기획 과정에서 여성의 기호를 확인하기 위해 매년 설문조사를 실시한다. 이때 과감한 속옷을 선호한다고 체크하는 사람은 많지 않다. 하지만 실제 판매량은 선호도 조사 결과와 달리 과감한 속옷의 판매량이 훨씬 높다. 이러한 현상 역시 지극히 개인적인 취향이 설문조사를 통해 드러나는 것을 주저한 소

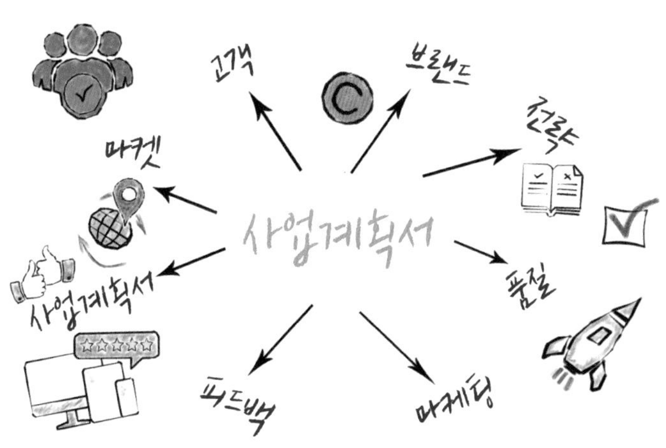

기업은 자신의 재화와 서비스를 구매할 고객을 면밀히 관찰하고 세부적으로 구분해 대응해야 한다.

비자의 자기보호기제 때문일 것이다.

얼마 전 한 세미나에서 만난 창업가는 고객의 습성을 정확히 이해하기 위해 타깃 고객층에 해당하는 사람을 직원으로 고용했다고 한다. 이를 통해 상시 고객의 요구와 습관 성향 등을 확인했다고 한다. 과연 자신의 사업계획서에는 이러한 노력이 얼마나 투영되었는지 확인해봐야 할 것이다.

고객의 구체적인 모습을 상상하라

성공한 벤처기업가로부터 창업 초기 비하인드 스토리를 듣다 보면, 자신들의 고객이 누구인지 알기 위해 처절히 고민한 무용담이 많다. 심지어 창업 초기에는 회사 구성원끼리 고객을 지칭하는 별칭이나 은어를 사용한 사례가 많다. 예를 들어, 20대 여성을 주 고객으로 창업한 기업은 고객을 '수진'이라고 부르거나, 대입 수험생을 대상으로 교육 사업을 시작한 창업가의 경우 수능 준비생을 '수능'이라고 지칭하는 것이다.

이러한 현상은 국내에만 국한된 것은 아니다. 해외의 성공한 벤처기업 중에서도 제품 기획 초기부터 자사의 핵심 고객을 '제시카'나 '로이' 등의 애칭으로 지칭하는 경우가 많다. 심지어 일부는 창업 초기에 사용한 별칭을 회사 공식 용어로 인정해 회의나 사내 공식 문건에서 그대로 사용하기도 한다.

고객에게 애칭이나 별칭을 붙이는 것에 어떠한 의미가 있을까? 이는 세계적인 영화 시나리오 작가의 작업 방식을 통해 유추할 수 있다. 한 편의 영화에는 수많은 인물이 등장한다. 비중 있는 주연이나 조연뿐 아니라 대사 몇 줄 없는 단역까지 다양하다. 하지만 많은 영화 거장들은 단 한 컷 등장하는 배역일지라도 해당 등장인물에 대한 별도의 이력 카드를 하나하나 작성하는 것으로 유명하다. 영화에 등장하는 인물이 200명이면 200명 모두의 개인 이력 카드를 별도로 작성하면서 영화를 구상한다는 것이다.

많은 작가가 이처럼 번거로운 작업을 병행하면서 시나리오 작업을 수행하는 이유는 그래야 영화의 현실감과 생동감을 유지할 수 있기 때문이다. 특정인의 어투, 옷차림, 걸음걸이는 일순간 형성된 것이 아니라 그 사람의 평생 발자취가 투영된 결과물이다. 따라서 대사 한 줄만 있는 단역일지라도 해당 배역에 생동감과 현실감을 부여하기 위해서는 그 사람이 어디서 태어나 어떠한 환경 속에서 자랐으며, 어떤 일을 하다 현재 영화 속 장면에 이르게 되었는지에 대한 일대기를 명확히 설정해야 한다. 그래야 해당 대사를 표준어로 구성할지 구수한 사투리로 구성할지를 결정할 수 있고, 의상과 소품도 어떻게 구성할지 정할 수 있다.

이러한 효과는 창업가에게도 마찬가지다. 창업에 성공하기 위해서는 고객에 대한 피상적인 이해를 넘어 그들의 심층적인 부분까지 파악해야 한다. 자사 고객의 가장 전형적인 모습을 갖춘 가상 인물에 대한 이력 카드를 작성해보는 것도 유효한 방법이다. 20대 여성을 대상으로 한 다이어트 용품을 구상하는 창업가가 있다고 가정해보자. 이때 해당 창업가는 가장 전형적인 가상 인물을 설정해 해당 인물에 대한 개인 이력 카드를 작성할 필요가 있다.

예를 들어 서울 강서구에서 태어난 영희는 중고등학교 시절

외모에 관심이 많았다. 하지만 입시 준비 때문에 다이어트와 치장은 항상 후순위였다. 수학능력시험을 보고 난 뒤 다이어트에 돌입했고, 만족스러운 수준은 아니지만 체중을 약간 줄이는 데 성공했다. 대학 졸업 후 사회생활을 하면서 살이 찌기 시작했고, 지금은 직장 동료들과 지난주 결혼한 여직원의 웨딩드레스 등을 화재 삼아 점심시간을 보낸다. 가장 큰 고민거리는 자신의 결혼식에 날씬한 모습으로 웨딩드레스를 입을 수 있을지다.

개괄적으로 적은 내용이지만, 이러한 예시만으로도 우리는 더 설득력 있는 홍보 문구를 구성하는 데 필요한 많은 정보를 얻을 수 있다. 상세한 고객카드 작성은 고객을 더욱 입체적으로 이해할 수 있는 값진 기회를 제공해준다. 어쩌면 성공한 창업가들이 고객을 심층적으로 이해하려는 과정에서 특정 고객의 행적을 구체적으로 떠올렸고, 그러다 자연스럽게 살아 있는 인물처럼 인식해 별칭을 붙였는지도 모를 일이다.

시장 규모를 파악하라

이상에서 열거한 방식 등을 통해 자연스럽게 고객층을 파악한 뒤 도출되는 내용이 바로 '전체시장(Total Addressable Market, TAM)'이다. 시장 규모를 예측한다는 것은 자신의 제품으로 시장 점유율 100퍼센트를 달성했을 때 얻을 것으로 기대되는 연매출액이 어느 정도인지 파악하는 작업이라고도 할 수 있다. 시장 규모에 대한 명확한 판단 없이 무턱대고 사업을 감행하면 근거 없는 낙관론에 빠질 수 있다. 많은 회사가 과도한 초기 투자로 낭패를 보기도 한다. 뒤늦게 시장 규모를 파악한 창업가 중에는 이렇게 작은 시장인 줄 알았다면 창업하지 않았을 것이라며 낙담하는 사람도 종종 있다.

시장 규모를 파악하는 첫 단계는 잠재 수요자의 전체 숫자를 확인하는 것이다. 필요한 자료를 가장 손쉽게 구하는 방법은 관련 분야의 협회 통계를 활용하는 것이다. 일반적으로 유사한 분야에서 활동하는 기업은 상호 협력을 위해 다양한 협회와 조합을 조직해 운영한다. 해당 협회 또는 조합의 주요 업무 중 하나가 해당 분야의 기초 통계를 구축하는 것이다. 창업 초기 시장 규모를 산출하기 위해 가장 먼저 들여다봐야 할 곳은 진출하고자 하는 산업 분야의 대표 협회 사이트다. 만약 관련 협회 등에서 필요한 자료를 얻을 수 없을 경우 시장에 판매되는 경쟁 제품의 초기 사업계획서를 구해서 보는 것도 좋다.

이 과정을 거치면 전체 고객 중 자사 제품의 잠재 수요층을 분류할 수 있다. 그 뒤 해야 할 작업은 고객 1인당 발생할 매출을 산정하는 것이다. 예상 사용자 수에 1인당 매출액을 곱해야 연간 전체 매출액과 예상 시장 규모를 도출할 수 있다. 고객 1인당 매출액을 구하는 과정에서는 고객이 해당 물건에 얼마까지 지불할 의사가 있는지를 확인할 필요가 있다. 잠재 고객을 대상으로 설문조사를 해 관련 자료를 확보할 수도 있지만, 창업 초기에 적지 않은 비용이 소요되는 설문조사를 직접 수행하기란 쉽지 않다. 이럴 때는 고객의 지불 의사를 간접 확인하는 방법이 더 효율적이다. 여기에는 과거 유사 제품이 얼마에 판매됐는지 확인하는 방법이 있다. 소비자가 현재 기획 중인 제품을 대체하기 위해 선택할 재화가 무엇인지 파악하고 가격을 확인할 수도 있다.

자양강장 음료나 비타민 음료를 대체하는 신제품을 기획한다고 가정해보자. 전체 시장 규모를 파악하기 위해 관련 협회에서 자양강장 음료 시장 전반의 통계 자료를 확보할 수 있다. 최근 시장에 출시된 타사 자양강장 음료의 사업계획서를 확보해 시장 규모가 어떤 방식으로 도출됐는지도 살펴볼 수 있다. 관련 고객 개개인의 지불 의사를 추정할 때는 경쟁 제품의 가격이 중요한 참고자료가 되어줄 것이다. 아니면 기획 중인 자양강장 음료를 대체하기 위해 복용하는 약이나 제품이 있다면 해당 제품의 가격을 또 다른 참고자료로 삼는 것도 유용하다.

이처럼 전반적인 시장 규모를 확인하면 창업 초기에 맞닥뜨릴 문제를 해결할 실마리를 확보할 수 있다. 예상 잠재 고객 연령 분포, 구매력 등을 파악했기 때문에 마케팅 전략을 짜기가 훨씬 수월하다. 제품 생산 방식 결정에도 유리하다. 예상 생산 수량이 나오면 직접 설비 라인을 구축할지, 외주 위탁 생산을 할지 판단할 수 있다. 출시 후 가격 전략을 수정할 때 벤치마킹할 제품 정보도 얻는다. 전체 시장 규모를 체계적으로 도출할 경우 얻을 수 있는 혜택은 이들 말고도 많다. 시장 규모를 도출하는 또 다른 손쉬운 방법도 많다. 그럼에도 많은 창업가가 진출하고자 하는 시장 전체 규모조차 파악하지 못한 경우가 허다하다.

마케팅 영업은 다르다

사업계획서 작성 시 절대 빼서는 안 되는 내용이 하나 더 있다. 바로 판매 전략이다. "구슬이 서 말이라도 꿰어야 보배"라는 말이 있듯이, 아무리 좋은 기술과 제품을 개발해도 소비자에게 판매하지 못하면 어떠한 성과도 거둘 수 없다. 심지어 최고의 제품이 잘 팔리는 것이 아니라 잘 팔리는 제품이 최고의 제품이 되는 경우도 많다. 물론 많은 예비 창업가가 이러한 사실을 어느 정도 알고 있다. 이 때문에 사업계획서에 나름의 판매 전략을 제시하려고 노력한다. 하지만 정작 여러 사업계획서를 들여다보면, 아쉽게도 대다수가 판매 전략에 대해 커다란 선입견과 편견을 갖고 있다는 인상을 받는다.

많은 기업이 마케팅에 비해 영업을 등한시한다. 단기간에 높은 판매 실적을 올리기 위해서는 영업 전략이 더 중요하다.

가장 두드러진 편견 중 하나는 마케팅에 비해 영업을 덜 중요하게 여긴다는 것이다. 자신이 개발한 제품이나 서비스를 판매하기 위해 유능한 영업사원을 고용하는 것보다 4P(생산Product, 가격Price, 장소Place, 홍보Promotion) 믹스 마케팅 전략을 수립하는 것이 더 우월하다고 여긴다. 마케팅과 영업의 차이를 구분하지 못하는 경우도 많다.

마케팅과 영업 전략은 전혀 다르다. 이 둘의 차이를 쉽게 구분하자면, 마케팅은 사게 만드는 전략이고 영업은 팔러 다니는 전략이다. 이러한 차이 때문에 제품과 분야의 특성에 따라 영업과 마케팅은 서로 다른 효과를 발휘한다.

마케팅과 영업의 차이를 더 세부적으로 살펴보면, 영업은 제한된 소규모 소비자를 공략할 때 너욱 효과적이다. 이에 반해 마케팅은 예상 소비자가 광범위하게 흩어져 있는 시장을 공략할 때 유의미하다. 출시한 제품을 상당 기간 판매할 거라면 마케팅 전략이 적합하지만, 단기간에 판매를 완료하기 위해서는 영업 전략이 더 중요하다. 이미 수요가 형성된 제품을 개발했다거나 영업 전략이 아직 실현되지 않은 잠재 수요를 일깨우기 위한 제품을 개발했다면 마케팅 전략이 유효할 수 있다.

이처럼 마케팅과 영업은 특징이 다르다. 이 때문에 마케팅을 활용할 사업과 영업을 활용할 사업 역시 다를 수밖에 없다. 예를 들어, 일반 소비자가 즐겨 사용하는 소비재를 고안해 기업-소비자 거래(B2C) 사업을 구상하는 사업가라면, 마케팅 전략이 필수다. 하지만 자동차 부품이나 전자제품 부품을 개발한 창업가라면 마케팅 전략보다는 자신이 개발한 부품을 대기업에 납품할 수 있도록 영업할 유능한 영업 사원이 더욱 중요하다.

그렇다고 B2C 사업을 구상한 창업가에게 영업이 불필요하다고 단정하면 안 된다. 사업 초창기에는 불특정 다수 고객에게 자사 제품을 전달할 유통망이나 인지도를 구축하기가 어렵다. 이런 상황에서 대다수 스타트업은 대형 유통회사나 물류회사의 도움을 받아 자사의 제품을 알리는 경우가 많다. 이 과정에서 필요한 것이 바로 영업이다. 기존 대형 유통회사의 MD를 대상으로 자사의 제품을 적극적으로 세일즈할 수 있는 유능한 영업 사원이 필요하다.

결정적인 한두 사람을 대상으로 한 영업 성과가 커다란 마케팅 효과를 가져다주기도 한다. 지금은 작지 않은 규모로 성장한 주얼리 회사 중 한 곳은 사업 초기 지인을 통해서 유명 연예인에게 자사의 제품을 사용해줄 것을 요청했고, 해당 연예인은 드라마에 출연할 때 이 회사의 액세서리를 착용했다. 이는 많은 사람에게 이 회사의 제품을 알리는 기회가 되었다. 자신이 구상한 사업이 영업이 필요한 사업인지 마케팅이 필요한 사업인지, 그리고 어느 시점에 영업의 도움을 받아야 하는지 반드시 초기에 점검해야 한다.

소비자가 아닌 사용자

이러한 상황에서 또 한 가지 주목할 부분이 있다. 코로나19 이후 가장 급변한 경영 환경이 산업 전방위적으로 전개되는 온라인

화라는 사실이다. 과거 오프라인을 기반으로 전개된 많은 영역이 급속도로 온라인으로 전환되고 있다. 이러한 추세는 단순히 코로나19로 인해 한정된 기간에만 전개되는 것이 아니라 향후에도 지속될 것으로 전망된다. 따라서 신규 창업을 준비하는 많은 예비 창업가들 역시 이러한 추세로부터 자유롭지 않다.

이러한 변화를 가장 극명하게 보여주는 것이 있다. 기업들이 자사 고객을 지칭할 때 '소비자'라는 표현보다 '사용자'라는 표현을 더욱 빈번히 사용한다는 사실이다. 이러한 변화는 단순히 용어상에만 국한되지 않는다. 비즈니스를 수행하는 방식 전반에 걸쳐 전혀 다른 양상이 전개되기 때문이다.

소비자로 지칭되는 고객들은 특정 회사의 제품과 서비스를 이용하기 위해서는 반드시 구매를 해야 한다. 따라서 기업들 역시 자사의 제품과 서비스가 얼마나 판매될지 예측하기가 쉽고, 이러한 예측이 선행되어야 제품과 서비스의 출시 여부를 결정할 수 있다. 하지만 고객이 사용자로 지칭되는 지금은 상황이 크게 달라졌다. 사용자 기반의 제품과 서비스를 출시하고자 하는 기업들은 자사의 제품과 서비스를 이용할 사용자를 명확히 측정하기가 힘들다.

과거 고객이 소비자였던 시절에는 이들을 설득하기 위해 마케터들이 다양한 슬로건과 홍보 문구를 고민했다. 그리고 상당수 소비자가 이러한 홍보 문구와 함께 제품과 서비스를 기억하는 경우가 많았다. 하지만 고객이 사용자인 지금은 상황이 다르다. 사용자들은 특정 홍보 문구 등으로 제품과 서비스를 기억하지 않는다. 그들은 다른 사용자와 정보를 공유하고, 그들이 전달하는 메시지를 통해 제품과 서비스를 이해한다. 이 때문에 사용자는 소비자보다 제품과 서비스에 대한 이해도가 월등히 높은 경우가 많다.

소비자는 통제가 쉽다. 소비자들은 자신들의 제품과 서비스를 분절적이고 개별적으로 소비하기 때문이다. 하지만 사용자는 다르다. 사용자는 특정 제품과 서비스를 혼자서 사용하지 않고 다른 사용자들과 함께 사용하는 경우가 대부분이다. 따라서 해당 제품과 서비스에 대한 평가가 다른 사람들의 평가에 좌우되기 쉽다. 즉 특정 소비자에게 긍정적인 메시지를 심어주기 위해서는 해당 사용자만이 아니라 시장 전체의 사용자에게 영향을 미쳐야 한다.

소비자들은 제품과 서비스를 수동적으로 이용해왔다. 회사에서 설정한 방식으로 제품과 서비스를 이용할 수밖에 없었다. 하지만 사용자들은 다르다. 사용자들은 회사에서 의도한 내용과는 전혀 다른 방식으로 제품과 서비스를 이용할 수 있다. 일례로 유튜브 서비스는 다양한 영상 콘텐츠를 시청하는 용도로만 기획되었을 것이다. 하지만 최근에는 많은 기업가들이 유튜브를 활용해 제품 판매, 홍보, 언론 보도 등 다양한 비즈니스를 시도한다.

사용자 파악을 위한 데이터 활용

그렇다면 소비자가 아니라 사용자의 실상을 파악하기 위해서는 어떻게 해야 할까? 당연히 사용자와의 소통 방식은 데이터에 기반한다. 최근 데이터에 대한 기업들의 관심이 여느 때보다 높아지는 이유도 여기에 있다. 특히 데이터를 중심으로 한 비즈니스 모델을 구축하고자 하는 움직임은 기존 기업에 비해 창업 기업들 사이에서 더더욱 높은 듯하다.

국제적으로 데이터의 중요성을 확인시켜준 대표적인 사례가 있다. 미국의 오프라인 유통업체인 타깃Target은 개인들의 검색 패턴과 실제 구매 내역을 바탕으로 개인의 상황을 예측해 우편으로 관련 제품의 브로슈어를 보내주는 마케팅 전략을 수행해왔다. 예를 들어 임신한 여성에게 나타나는 검색 행태가 확인된 여성들에게는 아기 옷 쿠폰이나 출산 용품 등의 브로슈어를 우편으로 배송하는 식이다. 그러던 와중에 한 여고생 집에 임신 초기 여성들을 위한 브로슈어가 배송되었고, 브로슈어 내용을 확인한 여고생 아버지는 이 회사에 거세게 항의했나.

하지만 그 여고생은 가족들도 모른 채 임신 중이었음이 추후 확인되었다. 이 일화는 당시 미국 사회에 적지 않은 파장을 불러일으켰고, 검색어를 바탕으로 한 데이터 분석의 정확성을 확인시켜주는 대표적인 사례가 되었다.

개인의 검색 내역을 활용하는 기업들의 기술은 갈수록 고도화되고 있다. 과거에는 개인이 검색한 내용을 바탕으로 직접 관련된 제품만을 고객에게 제시하는 정도가 전부였다. 하지만 최근 국내외 대형 온라인 유통회사들은 유사한 상황에 처한 고객들의 과거 구매 이력과 경로를 바탕으로 향후 고객이 관심을 보일 제품을 미리 예측해 제시해주고 있다.

예를 들어, 현재 많은 유통사가 특정 고객이 임신한 것으로 확인되면, 이들 고객이 해당 인터넷 쇼핑몰을 방문했을 때 무알코올 맥주 등을 최상단에 배치한다.

쇼핑몰 회사들은 누가 임신 후 이미 출산을 했는지도 정확히 안다. 출산한 여성들이 대량으로 구매하는 물품 중 하나가 바로 물티슈다. 무알코올 음료 등을 구매하던 여성이 더 이상 관련 제품을 구매하지 않으면서 이와 함께 물티슈를 대거 구매하기 시작했다면 이는 이미 출산을 했다는 강력한 증거다. 이러한 사실이 확인된 고객들에게는 아이 옷뿐만 아니라 실제 육아 과정에서 필요한 물품들을 제시하는 화면을 보여준다. 이후부터는 고객에게 물건을 판매하기가 더욱 수월하다. 아이를 언제 출산했는지 이미 확인되었기에 아이가 나이를 먹을 때마다 그에 부합하는 제품을 지속적으로 제시해주면 되기 때문이다.

많은 기업이 이미 재고 관리의 수단으로 개인 검색 내역을 활용하고 있다. 제품 구매 후 고객 평가나 만족도뿐만 아니라 심지어 환불 가능성 여부도 검색 단계에서 어느 정도 예측할 수 있다. 옷을 구매한 고객이 자사의 홈페이지까지 넘어오는 과정에서 어떤 검색어를 입력해 넘어왔는지를 통해 확인할 수 있다. 만약 자사의 브랜드 이름을 정확히 입력해 검색한 후 해당 옷을 구매한 고객들의 경우에는 이미 해당 회사의 브랜드를 인지하고 있을 뿐만 아니라 해당 브랜드를 선호하는 고객이다. 따라서 이러한 고객들은 구매 후 만족도가 높고, 환불 가능성도 낮은 편이다. 이에 반해 '티셔츠', '와이셔츠' 등의 일반 명사를 입력한 후 해당 페이지로 넘어와서 구매한 고객들의 경우에는 구매 후 환불할 가능성이 높고, 구매 후기를 통해 확인된 만족도 역시 상대적으로 낮은 편이다.

반송률이 가장 높은 고객은 경쟁사 브랜드를 입력한 기록이 있는 고객들이다. 타사의 브랜드를 주로 검색하고 구매한 고객들이 어쩌다 자사의 제품을 구매했다 하더라도, 이들 중에는 다시 과거 자신들이 즐겨 구매한 브랜드로 돌아서는 사람들이 많기 때문이다.

하지만 이 과정에서 한 가지 주의해야 할 점이 있다. 해당 기업이 고객 데이터를 확보해 파악하고자 하는 일련의 내용을, 사실은 해당 기업에 데이터를 제공해주지 않는 고객들이 갖고 있는 경우가 많다는 점이다.

흔히 데이터 제공을 거부한 고객들을 무응납 또는 누락 데이터라 부른다. 그리고 많은 기업은 이러한 무응답 또는 누락 데이터를 제외하고, 데이터 제공을 허락한 고객들의 내용만을 바탕으로 기업 활동을 전개한다. 많은 회사가 신규 상품을 기획하기 위해 고객들을 대상으로 대규모 설문조사를 하거나 인터넷이나 웹상에서 수집되는 빅데이터를 활용한다. 하지만 이 과정에서 해당 회사가 데이터를 통해 알고자 하는 내용은 정작 무응답자들이 갖고 있는 경우가 많다.

예를 들어 한 은행이 자사의 고객 1만 명을 대상으로 대규모 설문조사를 수행했다고 가정해보자. 이 과정에서 조사 대상자 중 30~40퍼센트 가까운 비율이 설문조사에 응답하지 않았다. 보다 구체적으로 조사 대상자 중 30퍼센트 가까이가 자신의 소득에 대해 응답하지 않았다. 대개 설문조사 결과를 해석할 때 무응답자 부분은 전혀 고려하지 않고 응답자만을 대상으로 통계 분석을 수행하고 이를 바탕으로 결론을 도출하곤 한다. 하지만 이러한 통계적 해석에 앞서 무응답의 원인부터 확인해야 한다.

만약 무응답자들이 자신의 소득을 묻는 질문에 응답하지 않는 이유가 통계적으로 유의미한 인과관계로 설명되는 부분이 있다면, 무응답자들에 대한 고려가 반드시 필요하다. 실제로 금융회사들의 설문조사에서 무응답 비율이 높은 계층은 주로 직업이 없는 저소득자들과 고액 자산가라고 한다. 이들 계층은 자신의 소득 수준이 외부에 알려지는 것을 원치 않기 때문이다. 이러한 상황에서 응답자들만을 대상으로 한 설문조사 결과를 바탕으로 신규 금융 상품을 기획한다면, 당연히 초고소득자들을 위한 금융 상품과 저소득자들을 위한 금융 상품을 개발하기는 어려울 것이다.

이상의 사례와 달리 많은 기업들이 고객 데이터를 모으는 이유는 외부에 해당 고객 데이터를 제공해 광고를 유치하거나 고객 데이터 자체를 제공해주기 위해서다. 하지만 이 경우에도 자사에 데이터를 제공해주는 고객군과 그렇지 않은 고객군에 어떠한 차이가 있는지를 명확히 파악해야 광고 유치 및 고객 데이터 제공을 통한 서비스를 제공할 수 있는 것이다. 무응답 데이터에 대한 이해는 신규 사업을 수행하거나 해당 회사 스스로 광고나 홍보 활동을 수행하는 데 필요한 것에 대한 정보마저 제공해준다.

오늘날 많은 기업이 저성장 기조 속에서 신규 사업과 신규 고객 유치를 위한 노력에 더욱 심혈을 기울이고 있다. 이에 많은 기업이 고객들의 니즈와 성향을 파악하고자 그 어느 때보다 데이터를 들여다보고 있다. 하지만 이러한 노력은 기존 고객과 중복된 고객군만 추가로 모집하는 경우가 많으며, 정작 신규 시장이라 할 수 있는, 기질이 전혀 다른 고객들을 유치하는 경우는 많지 않다.

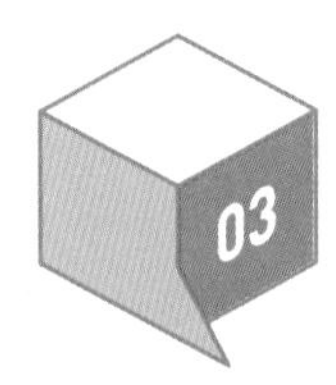

사업계획서를 통해 제시할 시제품 어느 정도 수준까지 준비해야 하나

창업 준비 과정에서 고객의 실체를 파악하는 과정이 마무리되었다면, 그다음에 해야 할 일은 고객 요구에 부합하는 시제품을 개발하는 것이다. 이때 시제품 제작 과정을 보다 효과적으로 수행하는 방법은 구상하는 시제품을 '시각화'하는 것이다. 많은 기업이 자신이 파악한 고객의 요구에 부합해 기획하는 시제품을 단순히 개념적인 차원, 관념적인 차원에서 공유하는 경우가 많다. 관련 내용을 구체적 형태로 공유하고자 한 기업조차도 단순히 문서로만 공유하는 경우가 대부분이다.

사업계획서가 얼마나 설득력을 갖추었는지 판단하는 방법은 의외로 간단하다. 창업가가 구상한 사업을 실현하기 위해 뛰어넘어야 할 여러 허들을 이미 얼마나 뛰어넘었는지 살펴보는 것이다. 아직 아이디어 단계에 있는 사업계획서보다는 이미 시제품 제작까지 마친 사업계획서가 더욱 견실할 수밖에 없다. 같은 이유로 이제 막 판매할 준비를 갖춘 기업보다 작은 금액이라도 실제 매출을 달성한 기업의 사업계획서가 더욱 견실하게 느껴질 수밖에 없다.

이상에서 열거한 사실을 통해서 유추할 수 있듯이 사업계획서를 작성할 때는 많은 어려움을 이미 극복하고 해결해왔음을 최대한 보여주는 것이 중요하다. 그렇다고 해서 허위사실이나 과장된 표현으로 사업계획서를 작성하라는 의미는 결코 아니다. 또한 준비되지 않은 상태에서 무턱대고 시제품부터 만들라는 의미도 결코 아니다.

중요한 것은 단순히 의지만을 표명한 사업계획서보다는 실제로 여러 시도를 수행해본 흔적이 제시된 사업계획서가 더욱 설득력이 있다는 점이다. 또한 단순히 아이디어나 구상만을 제시하기보다는 실제 시제품이나 사이트와 같은 실물이 제시된 사업계획서가 더욱 설득력이 있다. 이런 관점에서 주목할 만한 개념을 소개하고자 한다. 최소기능제품(Minimum Viable Product, MVP)과 프리토타이핑Pretotyping이 그것이다.

MVP는 그 명칭에서도 드러나듯이 최소한의 범위에서 가장 핵심적인 기능만 실행 가능한 제품을 지칭한다. 즉 MVP는 견실한 시제품이 아니다. 외관상 조악하고 부실하게 보일지라도 적어도 창업가가 구상한 아이디어와 기획 의도가 무엇인지 확인할 수 있는 수준의 시제품을 의미한다. 따라서 MVP는 사업이 서비스인 경우에는 사이트 메뉴 배치도 또는 구성안일 수 있다. 제품인 경우에는 아크릴판이나 골판지로 만든 모형이 될 수도 있다.

MVP와 유사한 개념으로 프리토타입Pretotype이 있다. 프리토타입은 구글의 개발자이자 연쇄 창업가였던 알베르토 사보이아Alberto Savoia가 처음 제시한 개념으로 알려져 있다. 흔히 시제품이라고 하면 프로토타입Prototype을 떠올린다. 프로토타입은 그럴싸한 수준의 시제품을 의미한다. 이에 반해 프리토타입은 최소한의 시간과 비용만을 투여해 가장 핵심적인 내용만으로 구성한 시제품을 의미한다. 어떤 의미에서는 프로토타입을 만들기 위한 사전 단계가 프리토타입이라고도 할 수 있다.

MVP와 프리토타입의 본래 목적은 예상 사용자에게 핵심 내용만을 먼저 선보이고 이를 바탕으로 사업 내용을 빠르게 검증받는 것이다. 하지만 MVP와 프리토타입은 사업계획서 작성에서도 유용함을 더해줄 수 있다. 사업계획서에 MVP와 프리토타입의 사진이나 동영상을 함께 제시할 경우, 투자자들은 사업이 더욱 구체적인 실현 단계에 와 있다는 느낌을 받을 것이다. 그뿐 아니라 사업계획서에 MVP나 프리토타입을 실제 예상 사용자에게 제시하고 도출한 시사점을 함께 전한다면 투자자에게 사전 준비가 많이 되어 있다는 인상도 심어줄 수 있다.

모든 창업가는 더 그럴싸한 시제품을 완성해 제시하고 싶을 것이다. 하지만 사업계획서를 작성하는 사업 초기에는 이러한 수준에 이른 시제품조차 사치일 수 있다. 많은 비용과 시간을 투여한 시제품이 냉담한 반응만 가져온다면, 그간의 시간 허비는 치명적인 결과를 가져올 수도 있다. 따라서 사업계획서에는 사업 내용을 검증받기 위한 수준의 시제품이 더 적합하다는 사실을 숙지해야 할 것이다.

구체적으로 시각화된 시제품을 구상함으로써 얻게 되는 이점은 더 있다. 사내 구성원들에게 시각적인 결과물로 정리해 공유할 경우 향후 전개될 여러 문제를 쉽게 해결할 수 있다. 시각화 과정을 통해 거둘 수 있는 가장 큰 이점은 단순 구상 단계에서는 파악하기 어려운 새로운 문제점을 확인할 수 있다는 것이다. 예를 들어, 고객 요구에 따라 작고 가벼운 제품을 만들기로 구상했지만, 시각화 과정에서 정작 전원 및 기능 버튼을 놓을 공간이 부족하다는 사실을 확인할 수 있다. 인터넷 쇼핑몰을 기획한 회사

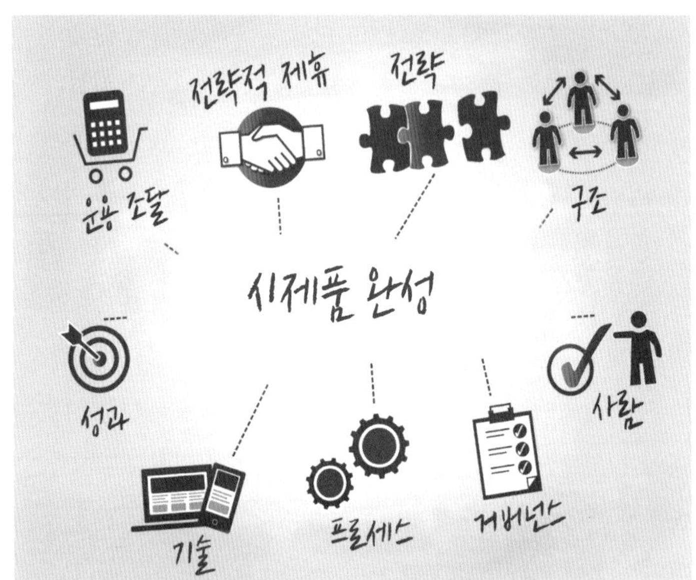

제품의 시각화 과정은 단순히 개념이나 문서로만 구성됐을 때는 파악하기 어려운 사실을 점검할 수 있는 기회다.

의 경우에는 메인 화면에 담고자 했던 내용을 첫 페이지에 전부 담을 수 없다는 사실을 확인할 수도 있다. 각각의 메뉴를 클릭했을 때 다음 페이지에 어떠한 내용이 나와야 하는지를 더 구체적으로 생각할 기회를 제공해줄 수 있다.

이처럼 시각화 과정은 단순히 개념이나 문서로만 구상됐을 때는 파악하기 어려운 새로운 사실을 점검할 좋은 기회를 제공해준다. 심지어 시각화 과정에서 초기에 구상한 방향성이 잘못되어 완전히 새로운 접근이 필요하다는 사실을 확인하는 경우도 많다. 시제품의 시각화 과정은 사내 직원의 업무 효율화 측면에도 유의미한 성과를 가져다준다. 시제품에 관해 줄곧 함께 회의하며 논의한 직원들조차도 정작 머릿속에 떠올리는 제품의 형태가 상이한 경우가 많다. 세부 설계나 도안을 본 뒤 논의한 내용과 다른 것 같다는 의견을 제시하는 경우는 제법 흔하다.

이는 회의 내용을 문서로 공유했을 때도 마찬가지다. 직원들이 서로 상이한 제품을 떠올리면서 업무를 수행하면 결국 실제 사업화 과정에서 잦은 마찰과 시행착오를 겪게 된다. 이러한 상황을 방지하기 위해서도 제품을 시각화해 공유하는 과정을 반드시 거쳐야 한다. 시제품을 시각화하는 과정은 투자자에게도 유용하게 쓰인다. 전문 투자자는 문서상 내용과 해당 내용을 실제 구현하는 것은 전혀 다른 차원의 문제임을 누구보다 잘 안다. 이러한 상황에서 자신이 구상한 내용을 단순히 문서로 제시하기보다는 구체적인 구성안을 시각적 자료로 제시할 때 보다 설득력을 갖추게 된다.

외부 협력 회사와의 업무 공조 측면에서도 마찬가지다. 본격적인 제품 양산을 위한 세부 설계에 들어가기에 앞서 생산 과정에 참여할 여러 협력 업체에 구상안을 공유하면 현재 구상하는 내용이 실제 구현할 수 있는 내용인지를 사전에 확인받을 수 있다. 예를 들어 단순 금형으로는 만들기 어려운 제품이라든가 마지막 열처리 부분에서 문제가 발생할 수 있는 구상안이라는 등 제품 구성에 대한 다양한 조언을 들을 수 있다.

이상에서 열거한 성과를 얻기 위해 많은 비용과 시간을 투여해 완성도 높은 도안 작업을 할 필요는 없다. 오히려 향후 여러 차례 수정·보완하는 과정에서 초기 도안은 온데간데없어지기도 해 자칫 낭비가 될 수도 있다. 따라서 세부 설계 과정은 이후 별도의 과정으로 구분해 생각하는 것이 좋다. 여기서 말하는 시각화란 다소 조악한 모양이라도 누구나 결과물을 동일하게 이해할 수 있는 수준의 형태면 충분하다.

의사결정은 어떤 방식으로 해야 할까

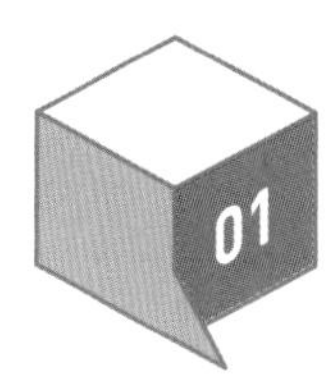

창업가는 어떤 방식으로 결정하는가

기업 현장에서는 수많은 의사결정이 이루어진다. 이러한 상황에서 기업의 성패를 좌우하는 결정적인 요인은 단연 의사결정 프로세스일 것이다. 잘못된 결정을 내렸을 때 이를 바로잡는 데 필요한 자금과 인력이 절대적으로 부족한 스타트업에는 합리적인 의사결정 프로세스 설정이 더욱 중요하다.

스타트업 기업은 의사결정 구조가 중요함에도 대부분 각자의 특수성을 고려한 나름의 의사결정 구조를 갖추기보다는 평등주의적 의사결정 프로세스로 편향된 것을 확인할 수 있다. 다시 말해 공동 설립자가 서로 동등한 의사결정 권한을 나눠 갖고, 상호 합의 아래 주요한 내용을 결정하는 것이다.

그렇다면 왜 스타트업 기업은 민주적인 의사결정을 선호하는 것일까? 이러한 현상은 최적화된 의사결정 방식을 모색하는 과정

스타트업 기업에는 합리적이고 신속한 의사결정 프로세스 설정이 매우 중요하다.

에서 도출된 결과라기보다는 사업 초기에 불거질 수 있는 불화의 소지를 피하기 위한 경우가 대부분이다. 사업 초기에는 공동 창업가들에게 줄 수 있는 것이 별로 없다. 높은 급여나 성과급을 지급할 여력도 없다. 사회적으로 명망 있는 회사를 다닌다는 자긍심을 심어줄 수도 없다. 무턱대고 회사 지분을 높여주는 데도 한계가 있다. 이러한 상황에서 공동 창업가들을 배려하고 이들의 적극적인 참여를 이끌어낼 수 있는 가장 손쉬운 방법이 바로 동등한 의사결정 권한을 부여하는 것이다.

평등주의적 의사결정 구조는 공동 창업가들의 학력과 경력이 서로 비슷할 때 더욱 심화되는 것이 일반적이다. 물론 평등한 의사결정 방식은 공동 창업가의 상호 신뢰를 형성하는 데 일정 부분 기여할 수 있다. 하지만 평등주의적인 의사결정 방식은 모두

가 합의하는 데까지 오랜 시간이 걸린다. 안정적인 수익원을 확보하지 못한 창업 초기에는 신중한 의사결정 못지않게 빠른 의사결정이 중요하다. 소모적인 논쟁이나 토론으로 의사결정 과정이 불필요하게 길어질 경우, 그 시간만큼 직원 급여나 임대료 등 고정비만 더 지출한다. 창업 초기에는 성과를 내는 데 몇 개월만 늦어져도 초기 자본이 바닥나는 경우가 비일비재하다.

책임 소재도 문제다. 모두 함께 결정했기 때문에 함께 책임진다는 것은 순진한 생각이다. 모두가 합의한 방안을 도출하는 과정에서 서로의 주장을 조금씩 양보하고 절충안을 찾는 경우가 많다. 그렇게 도출된 절충안은 누구의 의견도 아닌 것일 수 있다. 따라서 잘못된 결과가 도출됐을 때 아무도 책임지지 않는 구조가 된다. 기존의 많은 기업은 공동 대표이사보다는 단일 대표이사 체제로 운영된다. 부서별 최종 책임자에 해당하는 CFO, CTO 등도 역시 한 사람씩만 임명하는 경우가 많다는 점을 기억할 필요가 있다.

창업 초기의 평등주의적 의사결정 구조는 외부 투자 자금을 수혈받을 시점에 크게 변경된다. 외부 투자자는 최종 책임 소재가 명확한 것을 무엇보다 중요시 한다. 결과가 잘못됐을 때 최종적으로 누구에게 책임을 물어야 하는지가 분명해야 하기 때문이다. 이 때문에 많은 스타트업 기업이 외부 투자자와 계약서를 체결할 즈음에야 CEO를 결정하는 경우가 많다. 일견 창업 초기 공동 설립자들과 의사결정 권한을 동등하게 나누는 것이 그들을 배려하는 일이라고 생각할 수 있지만 가장 중요한 것은 견실한 회사를 만들어 이들에게 실질적인 성과로 보답하는 일이다. 이러한 관점에서 평등주의적 의사결정 방식이 정말 적합한지 다시 한번 되짚어봐야 한다.

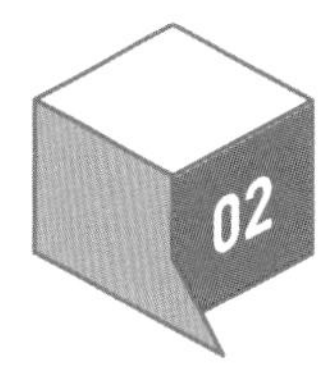

신생 기업 이사회는 어떻게 다른가

신생 기업의 CEO는 단독으로 또는 비공식적 조언자로부터 자문을 받아 회사의 중요 사안을 결정하는 경우가 많다. 하지만 외부 자금이 유입되면 상황이 달라진다. 앤젤투자자나 벤처캐피털 등 외부로부터 투자를 받으면 그들과 논의하면서 의사결정을 진행해야 한다.

이 과정에서 주의할 점은 신생 기업에서 운영하는 이사회는 일반 대기업의 이사회와 다른 점이 많다는 것이다. 가장 먼저 주목할 부분은 이사회의 규모다. 보통 주식회사의 경우 이사회의 구성원 수가 정형화돼 있다. 신생 기업의 경우에는 필요에 따라 추가적으로 외부 투자 자금을 수혈받는 경우가 많기 때문에 이사진의 수 역시 점차 증가한다. 하버드대학교의 조사 결과에 따르면 최초로 외부 투자 자금을 수혈받을 경우 통상적으로 이사회가 3.9명으로 구성된다. 2차 추가 자금을 수혈받으면 이사진 수는 4.9명으로 늘어난다. 이러한 방식으로 5번 정도의 외부 투자 자금이 수혈될 경우 이사회 규모는 평균 5.7명으로 증가한다.

이사회의 개최 주기 역시 여느 주식회사와는 다소 차이가 있다. 규모가 큰 주식회사의 경우에는 통상적으로 분기마다 한 번 이사회를 소집한다. 신생 기업은 아직 체계가 잡히지 않았기 때문에 다양한 사안을 놓고 수시로 논의해야 한다. 이 때문에 외부 투자 자금을 수혈받은 신생 기업은 연간 7.9회 정도 이사회를 개최한다. 이사회 개최 주기는 창업 초창기일수록 빈번하다가 회사가 성장하고 안정감을 찾으면 점차 줄어드는 경향이 확인됐다.

의사결정 방식 또한 상이하다. 성장한 회사는 대표이사의 의사결정 권한이 여타 이사진에 비해 훨씬 크다. 신생 기업은 정반대의 경우가 종종 있다. 앤젤투자자나 벤처캐피털 출신의 신생 기업 이사회 위원은 유사한 신생 기업에 투자한 경험이 있을 수 있다. 따라서 이들은 대개 신생 기업 CEO가 직면할 난관에 관해 상당한 경험과 지식이 있다. 이 때문에 외부 투자자 이사회 회원들은 때로는 CEO보다 큰 영향력을 행사한다.

비슷한 맥락에서 외부 투자 자금 도입 이전과 이후에 따라 크게 달라지는 점이 있다. 이사회 구성원의 경력이 크게 달라진다는 것이다. 외부 투자 자금이 도입되기 이전에는 순수 창업가만으로 이사회가 구성되는 사례가 많다. 이들은 이사회의 구성원으로 활동한 경험이 거의 없다. 하지만 앤젤투자자나 벤처캐피털 출신 이사회 구성원의 경우, 이미 신생 기업의 이사회에서 활동

회사의 경영 성과는 수많은 의사결정 과정의 결과물이다. 신생 기업은 아직 의사결정 체계가 잡히지 않았기 때문에 다양한 사안에 대해 수시로 논의해야 한다.

한 경험이 있는 사람이 다수 포진한다. 따라서 외부 투자 자금 도입으로 인해 경험 많은 이사회 구성원을 보유하게 된다는 점은 분명 보이지 않은 이점으로 작용한다.

이상에서 설명한 신생 기업의 이사회 운영과 관련한 내용은 일반적인 내용이다. 각 신생 기업의 세부 상황이나 특수성으로 인해 이사회 운영 방식 등은 달라질 수 있다. 그중에서 이사회 운영에 가장 큰 영향을 주는 요인으로는 CEO의 경력을 꼽을 수 있다. CEO가 이전에 창업한 경험이 많거나 사회 경력이 충분하다면 이사회 구성을 주도하고 여타 이사진 역시 이를 존중하는 경우가 많다. 자연스럽게 이사회 운영 횟수 또한 줄어든다. 이에 반해 CEO의 경력이 R&D, 재무, 영업 등 한쪽 분야에 편향됐거나 경력이 부족하다면 여타 이사회 구성원이 보다 적극적으로 개입하려는 경향이 높아진다.

경영 성과는 수많은 의사결정의 결과물일 뿐이다. 따라서 창업가는 외부 투자 자금의 도입 여부를 결정할 때 재무 측면 이외에도 앞에서 열거한 바와 같은 일련의 의사결정 프로세스상의 변화도 일어난다는 점에 주의할 필요가 있다.

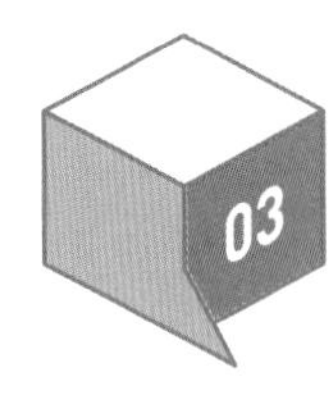

설문조사 결과는 어떻게 받아들여야 하나

한국의 기업가는 여느 나라보다 분석적인 의사결정 스타일을 보인다. 연세대학교 심리학과 연구팀은 우리나라 기업체 과장급 이상자들을 대상으로 의사결정 유형을 파악하기 위한 '인지 스타일 척도(CSI)' 조사를 실시한 바 있다. 연구 결과 국내 기업 관계자의 CSI 점수는 평균 45.5점(최저 11점, 최고 68점)으로 나타났다. 이는 세계 평균(41.8점)보다 3.7점 높은 결과로, 국내 기업 리더는 다른 나라 경영자보다 분석적 의사결정 성향이 강함을 보여준다. 멕시코 벤처 사업가는 45점, 중국 소프트웨어 엔지니어는 42.8점, 호주 IT 설계자는 41.9점, 미국 벤처 사업가는 40.7점을 기록했다.

당시 연구팀은 이러한 연구 결과와 함께 흥미로운 결과를 하나 더 제시했는데, 국내 리더는 분석적 의사결정을 좋아했지만, 의사결정 결과는 직관에 의존한 다른 국가 리더보다 좋지 않았다는 사실이다. 이러한 연구 결과 역시 분석적 의사결정이 직관을 활용한 의사결정보다 반드시 우월하다고 평가할 수 없음을 단적으로 보여준다.

직관적 의사결정의 장점

의사결정과 관련해 세계적인 베스트셀러였던 『블링크』의 저자 맬컴 글래드웰Malcolm Gladwell은 우리가 무언가를 판단하는 데 드는 시간은 첫 2초라고 말하면서 직관에 의한 판단의 위력을 설파한 바 있다. 그는 찰나의 직관적 사고에 따른 신속한 판단이 오랜 분석을 통해 내리는 신중한 결정만큼 좋은 결과를 낼 수 있다고 했다.

이 밖에 성공한 경영자일수록 직관적이면서 정서적인 의사결정 스타일에 더 능숙했음을 확인해준 연구도 있다. 와튼스쿨에서 관리자 의사결정 수업을 진행하는 조 시몬스Joe Simmons 교수는 우리가 언제 직관적인 의사결정을 해야 하는지 제시한다. 시몬스 교수에 따르면 직관을 이용한 의사결정은 분석적 의사결정보다 더 빠르게 작용하기 때문에 우리는 많은 일을 직관에 의거해 결정한다는 사실을 제시했다. 이러한 사실과 함께 시몬스 교수는 직관을 이용한 의사결정이 유효한 때는 의사결정 과정에서 적시성이 무엇보다 중요할 때임을 제시했다. 정글에서 맹수와 마주치면, 대처 방안에 대한 분석적 사고보다는 일단 맹수를 피하는 반사적이고 재빠른 대처가 훨씬 좋은 결과를 가져올 수 있다. 자동차를 운전할 때도 중앙선을 침범한 차량을 발견하면 어떻게 해야 할지 곰곰이 생각하기보다는 즉각 핸들을 꺾는 행동이 큰 사고를 막는 지름길이다. 이처럼 어떤 상황에서는 의사결정 과정과 내용보다 의사결정을 수립한 시점이 언제인지가 더욱 중요할 때가 있다.

시몬스 교수의 설명은 불확실성이 높은 창업 초기 CEO에게 커다란 시사점을 준다. 불확실성이 날로 증폭되고 환경이 급변하는 창업 초기에 갑작스러운 위기나 돌발 상황이 닥쳤을 때 신속하고 기민하게 대응하는 능력은 그 어느 때보다 중요하다. 이러한 상황에서 직관을 활용한 의사결정은 상황에 따라서는 더욱 유효한 결과를 이끌어내는 방편일 수 있다. 그렇다고 해서 직관에 의존한 의사결정을 무조건 맹신해서는 안 된다. 이러한 연구 결과를 해석하는 데 있어 한 가지 주의해야 할 점이 있다. 여기서 말하는 직관적 의사결정이라는 것이 일시적 감정이나 막연한 순간적 느낌에 근거한 의사결정이 아니라는 사실이다.

직관적 의사결정에 능한 경영자의 공통점은 해당 분야에서 오랜 경험과 노하우가 있는 사람이라는 점이다. 즉 그들이 사용한 직관은 아무 근거 없이 도출된 감感이 아니라 다년간의 경험을 기반으로 한 직관임을 명심할 필요가 있다. 따라서 이미 관련 분야에서 다양한 경험을 쌓은 창업가라면 자신의 경험과 노하우를 믿고 적시성 있는 판단을 내리는 것이 무엇보다 중요하다. 이와 함께 창업 초기에 경험과 노하우가 부족한 CEO가 있다면 이러한 부분을 보완해줄 조언자를 가까이 두는 것도 고려할 필요가 있다.

앞서 언급한 CSI 지수 조사 결과만 보더라도 우리나라 기업의 리더는 분석적 의사결정 방식을 크게 선호한다. 이 때문인지 많은 예비 창업가가 사업계획서를 논리적 구조와 분석적 자료만으로 가득 채우는 경우가 많다. 시장을 바라보는 남다른 직관이나 자신만의 관점보다는 시장 현황 분석, 경쟁사 분석, 소비자 수요 조사 등만 열거하기 때문이다.

물론 직관 등을 활용한 의사결정 스타일이나 감성적 의사결정 스타일이 분석적 의사결정 스타일보다 우월하다는 것은 결코 아니다. 각각의 의사결정 스타일마다 나름의 장단점이 있다. 따라서 창업가가 유념해야 할 것은 자신의 의사결정 스타일이 어떠한지를 명확히 이해하고, 이러한 의사결정 스타일의 장단점이 무엇인지 이해해야 한다는 것이다. 더 나아가 의사결정의 근거 자료에 내포된 한계점을 인지해야 한다.

분석적 의사결정과 설문조사의 문제점

분석적 의사결정을 선호하는 국내 기업가나 창업가가 가장 크게 의존하는 자료는 설문조사 내용이다. 설문조사 결과는 신뢰할

신중하고 분석적인 의사결정을 위한 다양한 방법. 하지만 때로는 반사적이고 즉각적인 대처가 훨씬 좋은 결과를 가져올 수 있다.

수 있는 자료라 생각하기 쉬우나 그 결과를 무조건 맹신해서는 안 된다. 특히 소비자의 개인적인 취향을 물어보는 질문에는 방어기제가 작동하는 경우가 많아 더욱 그렇다.

예를 들어 이혼 사유 1위, 2위는 경제적인 이유와 성격 차이 정도로 구분된다. 하지만 실제 이혼 상담을 수행해본 많은 이혼 전문 변호사는 설문조사 결과보다 경제적 이유가 더 크다고 설명한다. 이는 설문 시 돈 때문에 이혼한다고 대답하는 것보다 성격 차이 때문에 이혼한다고 하는 것을 더 선호하는 방어기제가 작동하기 때문이다. 지극히 개인적인 성향이 드러나는 질문으로 조사된 설문조사 결과는 응답자의 방어기제로 인해 진실을 반영하지 못하는 경우가 많다.

설문조사 결과를 무작정 신뢰하기 힘든 또 다른 이유로는 인지적 한계성도 꼽을 수 있다. 실제로 사람들은 특정 질문에 대해 당위를 바탕으로 상상한 현실imagined reality에 따라 답변하는 경우가 많다. 예를 들어 《뉴욕타임스》에서 화장실에 다녀온 뒤 손을 씻느냐는 질문에 응답자의 95퍼센트가 '그렇다'고 답했다. 그러나 미국미생물협회가 미국 5개 도시의 붐비는 화장실에서 사람들의 행동을 관찰한 결과, 실제로는 여성의 67퍼센트, 남성의 58퍼센트만 손을 씻는 것으로 조사됐다.

이상에서 열거한 일련의 사실은 소비자들이 설문조사에 임할 때는 사회적 바람직함social desirability을 고려해 의도된 답변을 내놓을 가능성이 크다는 사실을 시사한다. 결국 예비 창업가가 기억해야 할 것은 소비자는 자신의 실제 심리나 성향과 무관하게 사회적으로 옳은 답을 할 수도 있으며, 설문 기획자의 의도에 맞춰서 응답하는 사례도 많다는 점이다.

분석적인 창업가들은 자신의 제품과 서비스의 콘셉트를 정하기 위해 설문조사를 수행하는 경우가 많다. 설문조사를 하는 것 자체가 결코 잘못된 것은 아니나, 설문조사를 구성하는 방식과 설문조사를 통해 얻은 결론을 받아들이는 과정에서 놓치는 부분이 많을 수 있다.

인간은 감정적 동물이다

우리는 아주 오랫동안 인간의 정서나 감정은 인지적 기능이나 이성적 기능에 비해 덜 중요하며, 심지어 감정은 이성을 오도해서 인간의 합리적인 사고를 방해한다고 믿어왔다. 하지만 최근 연구에서 인간의 감정을 이해하지 않고서는 소기의 성과를 얻을 수 없다는 사실이 확인되었다. 감성은 다양한 말로 표현된다. 심리학에서는 감성emotion을 감정으로 표현하기도 하고 정서affect, 느낌feeling, 기분mood 등 여러 단어로 대체해 표현하기도 한다. 어떤 단어로 표현되든 감정은 의사결정을 내리는 데 커다란 영향을 끼치는 요인임은 분명하다.

감정과 인지는 다른 것이다. 먼저 감정은 자동적 반응automatic response이다. 따라서 자신의 의지와는 무관하게 반응하는 무의식적 행동이라 할 수 있다. 하지만 인지는 통제적 반응controlled response으로, 스스로 의식하면서 생각해 이끌어낸 반응을 말한다. 사실 우리가 설문조사를 통해 확인하는 내용들 대부분은 통제적 반응

controlled response의 영역이다.

이와 같은 감성은 우리의 의사결정에 커다란 영향을 미치는데, 감성에 의해 논리적으로 도출된 결과가 바뀔 뿐만 아니라 심지어 논리성 자체에도 영향을 준다는 사실이 확인되었기 때문이다. 이러한 내용의 대표적인 견해가 감정일치설mood congruency이다. 감정일치설이란 정보의 처리, 정보의 저장과 인출, 판단 등 인지 내용과 감정이 일치하는 방향으로 이루어진다는 걸 뜻한다. 쉽게 설명하자면 긍정적인 감정 상태에서는 긍정적인 정보들이 더 잘 입력되고 정보 처리가 증가하며, 반대로 부정적인 감정 상태에서는 부정적인 정보들의 처리가 더 잘 일어난다. 이러한 감정일치설은 특히 사람들의 기억력을 설명하는 데 효과적이다.

감성에 대한 또 다른 이론인 감정적 점화affective priming는 감성이 사람들의 기억뿐 아니라 평가와 판단에도 영향을 미친다는 사실을 확인시켜준다. 어떤 대상에 대해 기분이 좋으면 대상과 시간적·공간적으로 인접한 대상들 또한 긍정적으로 인식하는 것을 의미한다. 이러한 감정적 점화는 특히 무의식적으로 나타난다.

감정적 점화에 대한 실험 결과, 웃는 얼굴을 단 0.04초만 보여주어도 그 이후에 제시된 중립적 자극에 긍정적인 감성을 가지게 되었다고 한다. 사람들의 지각 특성상 0.04초 동안 노출된 그림은 인식하지 못한다. 더 정확히 말하자면, 해당 그림에 어떠한 인지적 판단도 내리기 어렵다. 그럼에도 불구하고 이후에 제시된 자극을 긍정적으로 판단하게 된 것은 무의식 속에서 형성된 감정적 점화로 인한 결과라 할 수 있다.

와인숍 내의 음악에 따라 구매하는 와인의 원산지가 어떻게 변하는지 살펴보았는데, 프랑스 음악을 틀어주었을 때와 독일 음악을 틀어주었을 때 각각 해당 지역의 와인이 현저하게 많이 팔렸다고 한다. 이에 연구자들이 와인을 구매한 사람들에게 왜 해당 국가의 와인을 샀는지 물으니, 매장에서 그 국가의 음악을 들었기 때문에 그 국가의 와인을 구매했다고 응답한 사람은 1명에 불과했다고 한다.

CEO의 의사결정 스타일에 대한 또 다른 흥미로운 연구 결과가 있다. CEO라고 하면 흔히 역사 속에 등장하는 영웅과 황제를 떠올리는 경향이 많다. 이 때문에 많은 창업가는 본인이 리더로서의 자질을 구성원에게 보여주기 위해서는 카리스마, 자기 확신, 강한 추진력 등을 발휘해야 한다고 생각한다. 하지만 이러한 구성 요소는 회사를 성공적으로 운영하는 데 있어 결코 긍정적으로 작용하지 않는다.

카리스마를 경계하라

암스테르담대학교의 심리학자 바르보라 네비카Barbora Nevicka는 카리스마, 자기 확신, 강한 추진력 등을 맹신하는 CEO는 조직 구성원들의 정보 공유 분위기를 저하해 회사 경영 전반의 합리적 의사결정 능력을 떨어뜨린다고 했다. 자기 확신이 강한 CEO일수록 구성원의 의견을 경청하면서 사업 내용을 수정 보완하기보다는 자신의 사업 아이디어나 사업 전략에 대한 확신이 강해 구성원에게 오히려 자신의 의견을 강하게 전달하는 모습이 빈번히 목격되기 때문이다.

사업 초기에는 회사 운영 프로세스가 완비되지 않은 경우가 많다. 이 때문에 조직 구성원 간의 소통과 정보 공유가 무엇보다 중요하다. 이러한 상황에서 창업가 역시 정보를 공유하는 분위기를 독려해야 함에도 불구하고 자신의 기질로 인해 조직 내 소통 문화가 저해된다면 이는 창업 성공률을 떨어뜨리는 요인으로 작용할 수 있다. 특히 자기 확신이 강한 창업가들은 사회적 감수성과 공감 능력이 요구되는 사업 부문에서 활동할 때 사업 실적이 더욱 크게 저하되는 것으로 확인되었다.

이 문제에 관한 또 한 가지 특이한 사실은 조직 구성원의 관점에 있다. 스타트업 기업에 참여한 구성원은 창업가가 카리스마적이고 자기 확신이 강할수록 유능하다고 인정할 뿐만 아니라 뛰어난 성과를 발휘할 것이라 믿고 회사의 미래를 긍정적으로 평가하는 경향이 높다. 창업가가 오히려 자신의 의견을 경청하고 회사 경영 전반에 대해 의견을 구하면 창업가로서 미래 비전에 대한 확신이 부족하다고 인식하는 경향이 많았다. 하지만 창업 후 일정 시간이 경과하고 난 뒤에는 구성원의 이러한 평가가 사뭇 달라지는 경우가 많다. 구성원 간 소통이 부족해 불거지는 혼란과 불협화음이 하나씩 발견되면서 창업가에 대한 평가 또한 달라진다. 자신의 얘기를 들어주지 않는 창업가가 오히려 회사의 성장을 저해하는 요인임을 알게 된다. 자신이 제시한 의견을 수용했더라면 회사가 지금보다 훨씬 성장했을 것이라는 반감까지 갖게 되는 경우가 많다.

자기 확신이 강한 창업가의 의견이 사업 초기에 운 좋게 적중했다 하더라도 상황은 크게 달라지지 않는다. 이 경우 창업가는 기회가 생길 때마다 자신의 성과를 과시하면서 자신을 특별한 존재로 여기려는 기질이 강해진다. 이 역시 조직 구성원의 정보 공유를 막는 요인이다. 이때부터 조직 구성원은 창업가의 입만 쳐다보며 구성원 간의 논의는 뒤로 미루게 된다. 조직의 규모가 커지면서 조직 구성원 간의 협업이 중요해지는 시점에서 정보 공유를 가로막는 조직 문화는 기업이 지속적으로 성장하는 데 커다란 장애 요인으로 작용할 것이다.

죽음의 계곡을 넘지 못하는 이유를 파악하라

창업가가 가장 싫어하는 단어를 하나만 꼽으라면, 아마 '죽음의 계곡Death Valley'일 것이다. 죽음의 계곡은 실리콘밸리에서 멀지 않은 곳인 미국 캘리포니아 중부 모하비사막 북쪽에 위치한 국립공원을 의미한다. 이곳은 수백만 년 전 내륙해가 증발하고 그 자리에 소금만 남아 생성된 곳이다. 사막의 대부분이 해수면보다 낮아 평균 온도가 세계에서 세 번째로 높은 섭씨 56.7도까지 올라간다. 생물체가 살기에 극도로 척박한 환경이다.

죽음의 계곡은 기업의 위기를 표현하는 용어로 쓰인다. 기술개발에 성공한 벤처기업이 이후 자금 부족으로 인해 상용화 단계에 이르기 전까지 넘어야 할 어려운 시기를 지칭한다. 죽음의 계곡에 대한 이야기를 한 번도 들어보지 않는 창업가는 없을 것이다. 창업에 성공하기 위해서는 단순히 죽음의 계곡이 의미하는 보편적이고 피상적인 내용뿐만 아니라 창업 기업이 죽음의 계곡을 넘지 못하는 원인을 파악해야 한다.

먼저 많은 스타트업이 죽음의 계곡을 넘지 못하는 보편적 이유부터 살펴보자. 기술 개발 이후 외부 자금의 성격은 급변한다. 창업 초기 엔지니어는 대학으로부터 학술적 목적 아래 펀딩을 제공받거나 정부 자금을 활용해 연구개발을 수행하는 경우가 많다. 이후 기술 개발에 성공해 제품을 양산하고 판매하면서 민간 투자 자본을 사용한다.

이때 민간은 수지타산을 면밀하게 따진다. 자신에게 얼마의 수익이 어느 시점에 발생하는지를 확인할 뿐만 아니라 기업 경영에 적극 개입하는 경우도 있다. 당초 기대보다 성과가 저조하면 투자 자금을 회수

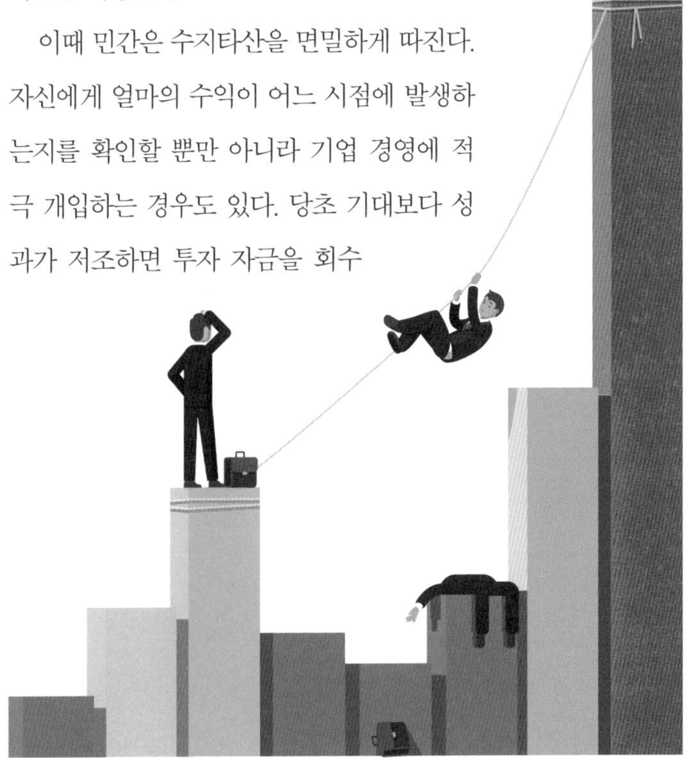

자신의 이익에 철저한 투자 자본은 기업의 성과가 저조하거나 혹은 충분히 수익을 거뒀다 판단될 때 자금을 회수하곤 한다.

하거나 당초 설정한 목표 수익이 달성되면 조기에 자금을 회수하기도 한다. 많은 스타트업이 투자자의 이러한 대응에 대처하지 못해 실패하기도 한다.

죽음의 계곡에 빠지는 또 다른 원인은 기술 개발 이후 외적 능력을 확보하지 못하는 데 있다. 기획, 생산, 마케팅, 애프터서비스에서 기술 개발에 상응하는 수준의 학습이 필요하다. 그러나 많은 창업가가 기술 확보 이후 이런 문제는 쉽게 극복할 수 있다고 착각한다. 투자자는 제품 양산에서부터 최종 판매에 이르는 전 과정에서 확신을 얻지 못하면 투자에 나서지 않는다.

자신이 개발한 기술을 과대평가해 외부 투자자와의 협상이 결렬되는 경우도 많다. 물론 오랜 시간과 노력을 투입해 개발한 기술에 남다른 애정을 갖는 것은 당연하다. 이러한 애정이 기술에 대한 과대평가로 이어져 투자자에게 무리한 요구를 하게 된다면 결국 사업화는 요원해진다.

첫 제품 출시 이후 다음 제품에 대한 계획이 없는 것도 또 다른 이유다. 첫 제품이 출시되어 안정적으로 판매되기 시작하면, 이러한 상태를 유지하기 위해 직원 수도 늘리고 매장 관리와 AS시스템도 갖추는 등 추가 비용의 요인이 발생한다. 그리고 이러한 비용을 감당하기 위해서는 연이어 또 다른 제품을 출시해야 하는데, 후속작을 미리 구상하는 기업가는 많지 않다.

이 과정에서 초기 비용을 감당하지 못해 죽음의 계곡을 넘지 못하는 기업이 많다. 죽음의 계곡을 넘기 위해서는 앞서 열거한 문제점을 숙지하는 것도 중요하지만, 이보다는 산업군, 제품군의 특수성에서 나타나는 원인을 파악하는 것이 중요하다. 예를 들어 한국적 특수성 속에서 죽음의 계곡을 넘지 못하는 이유는 무엇인지, 동종 산업군, 동종 제품군을 기획해 판매하는 사람들이 죽음의 계곡을 넘지 못하는 이유는 무엇인지 파악해야 한다. 이를 위해서는 이미 해당 분야에서 활동해본 경험이 있는 기존 창업가나 관련 분야 종사자와 긴밀한 네트워크를 갖추는 것이 무엇보다 중요하다.

창업의 성패를 결정하는 것은 **두 번째 제품이다**

스타트업이 죽음의 계곡을 넘지 못하는 또 다른 이유는 첫 제품의 성공에만 에너지를 쏟아붓기 때문이다. 처음 기획한 제품을 판매한 이후 후속작을 제대로 준비하지 못하는 것이다. 첫 출시 제품은 많은 시간과 비용을 투여해 오랫동안 준비한 경우가 많다. 하지만 첫 제품의 성공 여부도 확인되지 않은 상태에서 두 번째 제품을 미리 준비하는 사람은 없다. 따라서 두 번째 제품은 첫 번째 제품이 어느 정도 성과를 보인 이후부터 준비하기 시작하는 탓에 준비 기간이 부족한 경우가 많다.

이러한 상황에서 많은 스타트업 기업이 두 번째 출시 제품을 기획하는 방식은 크게 세 가지로 나뉜다. 첫 번째 방식은 이미 물건을 판매한 기존 고객을 대상으로 추가 판매를 시도하는 것이다. 기존 제품을 보다 쾌적하게 사용하는 데 필요한 연관 제품을 개발해 판매하거나 성능이 개선된 제품을 판매하는 것이다.

추가 판매 방식은 이미 판매에 성공해본 고객을 대상으로 하기 때문에 성공 확률이 높다. 기존 판매 과정에서 해당 고객에 대한 이해와 욕구가 이미 파악되었을 뿐만 아니라 판매 과정에서 확보한 다양한 개인 정보를 활용할 수도 있기 때문이다. 특히 첫 번째 판매 이후 기존 고객과의 신뢰 관계가 돈독할 경우 이러한 장점은 더욱 큰 힘을 발휘하게 된다. 그리고 이 과정에서 해당 스타트업 기업은 범위의 경제 효과를 거둘 수 있다. 범위의 경제는 2개 이상의 재화를 생산할 때 누릴 수 있는 비용 절감 효과다.

두 번째는 동일한 제품을 바탕으로 인접 시장에 진출하는 방식이다. 초기에는 회사 주변 고객을 대상으로 제품과 서비스를 제공했다면, 이제는 옆 동네 다른 지자체 등에 진출하는 것이다. 이렇게 진출 시장을 확장하면 규모의 경제 실현을 통해서 제품 생산 비용을 아주 쉽게 낮출 수 있다. 규모의 경제란 기업이 생산량을 늘림에 따라 제품 하나를 만드는 단위당 비용이 하락하는 현상을 의미한다.

세 번째 방식은 이 두 가지 방식을 동시에 추진하는 것이다. 이때 스타트업 기업이 주의해야 할 사실은 자사가 추진하는 방식이 정말 규모의 경제와 범위의 경제 효과를 가져다주는지 판단할 수 있어야 한다는 것이다. 제품을 생산하는 과정에서 발생하는 여러 비용 중에는 제품 생산량이 감소하면 비용이 줄어드는 경우도 있지만 그렇지 않은 경우도 있다. 예를 들어 특정 회사가 고객에게 물품을 발송하기 위해 트럭을 새로 구입했다고 가정해보자.

이 경우 고객이 물건을 1개 주문하든 10개 주문하든 주문한 물품을 배송하기 위해 트럭을 운행하는 비용은 크게 달라지지 않는다. 물건을 1개만 주문하면 해당 물건을 만드는 데 투여되는 원료비, 제조비 등은 그만큼 줄어들지만, 배송비는 줄지 않는 비분할성 때문이다.

이 경우 고객의 주문이 늘어나면 규모의 경제를 기대할 수 있다. 한 번 배송 시 투여되는 비용이 10만 원이라고 한다면, 제품 1개를 배송하는 과정에 투여된 배송비는 제품 1개당 10만 원이다. 하지만 제품 10개를 배송할 경우 개당 배송비는 1만 원으로 줄어든다. 즉 생산량이 늘어남에 따라 제품 하나당 투여되는 비용이 줄어드는 규모의 경제를 달성할 수 있는 것이다. 이런 회사는 범위의 경제도 기대할 수 있다. 만약 이 회사가 트럭 공간을 활용해 택배 배송업을 같이 하기로 한다면, 이는 범위의 경제를 통한 이익을 추구하기 위한 결정으로 볼 수 있다. 많은 창업가가 자신이 설립한 회사를 언젠가 큰 회사로 키우겠다는 포부를 갖고 있다. 하지만 시작하는 데 필요한 준비는 비교적 철저히 이루어지는 반면 이를 키우고 유지하는 준비는 부족한 경우가 많다.

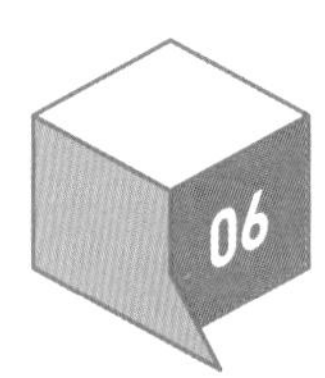

창업 시 가장 큰 난관은 인사 문제다

창업 후 빠르게 성장하는 기업이 가장 먼저 직면하게 되는 난관 중 하나는 인사 문제다. 창업 초 영세한 규모였을 때 모집했던 직원들에 비해 어느 정도 규모를 갖춘 뒤에 지원하는 직원의 역량이 훨씬 높은 경우가 많기 때문이다. 직원이 5명도 안 되는 작은 회사였을 때 지원하는 사람과 직원이 50명 남짓 되는 회사일 때 지원하는 사람의 역량은 차이가 있는 것이 사실이다.

신규 채용한 직원의 역량이 기존 직원들보다 높다고 해서 이들을 상급자로 채용하거나 입사 이후 곧바로 승진시키기도 어렵다. 그렇게 할 경우 창업 초기부터 오랫동안 동고동락해온 기존 직원들의 사기가 떨어질 수 있다. 심지어 회사에 배신감마저 갖는 경우도 발생한다. 그렇게 될 경우 해당 직원만이 아니라 회사 전반의 분위기와 성과 창출 측면에도 심각한 악영향을 미칠 수 있다. 그 어떤 사람도 자신의 역량이 다른 사람에 비해 부족하다거나 회사에 기여한 바가 적다고 자평하고 수긍하는 사람은 없다.

오히려 자신이 회사에 기여한 부분은 크게 해석하고, 다른 사람들이 회사에 기여한 부분은 상대적으로 작게 평가하는 것이 일반적이다. 그렇다고 기존 직원의 입장만을 고려할 수도 없다. 회사가 한 단계 더 도약하기 위해서는 더 역량 있는 인재를 수혈해 한 단계 높은 성과를 창출해야 하기 때문이다. 이로 인해 많은 벤처기업이 기존 직원은 높은 직급으로 승진시켜주는 대신 역량 높은 경력직 신규 직원에게는 직급은 낮지만 높은 수준의 연봉 계약을 체결하기도 한다. 이 때문에 부장보다 더 많은 월급을 받는 대리나 과장들이 있는 것이 벤처기업의 특성이다. 현재 급성장하는 신생 기업이 공통적으로 고민하는 것이 이 부분이다. 사실 승진 문제는 기존에 많은 시행착오를 경험한 기업도 풀기 어려운 문제다. 가장 주된 이유로는 승진 메커니즘 자체에 있는 구조적 모순이다.

승진은 낮은 직급에서의 업무 성과를 바탕으로 높은 직급의 업무 적합자를 선정하는 프로세스다. 하지만 하위 직급에서 요구되는 역량이나 지식과 상위 직급에서 요구되는 역량이나 지식은 전혀 다를 때가 많다. 예를 들어 하위 직급에서는 일명 잡무라 불리는 단순 문서 처리, 행정 처리, 결제 처리 등의 업무가 주를 이룬다. 그리고 이러한 업무를 원활히 진행하기 위해 요구되는 덕목은 성실함, 꼼꼼함 등일 것이다.

하지만 상위 직급에서는 전혀 다른 업무를 처리해야 한다. 그리고 이러한 업무를 처리하기 위해 요구되는 역량 또한 달라진다. 하위 직급에서는 중요시하지 않았던 측면인 리더십, 직관, 의사결정 능력, 대외 교섭력 등의 역량이 필요하다. 이러한 역량은 꼼꼼하고 성실하다고 해서 자연발생적으로 얻어질 수 있는 역량은 아닐 것이다.

이러한 상황에서 회사는 고민에 빠진다. 리더십이나 문제해결 능력, 의사결정 능력 등의 소양은 다소 부족하지만 성실함과 꾸준함을 갖춰 낮은 직급에서 높은 성과를 거둔 사람을 승진시키는 것이 옳은지 아니면 하위 직급에서는 매번 덤벙거리고 꼼꼼함이 부족해 문서 처리 하나 못 하지만 특유의 리더십과 소통 능력, 문제해결 능력을 겸비한 사람을 승진시키는 것이 적합한지에 대한

세계적인 경영학자 누구도 인적 구성에 관한 명확한 답은 내리지 못했다. 인사 문제는 신생 기업뿐 아니라 모든 기업의 주된 관심사다.

고민이다.

이 문제는 쉽게 답을 내기 어려운 문제다. 세계적인 경영학자나 경제학자 누구도 이 문제를 명쾌하게 해결하지 못했다. 이상에서 설명한 구조적 모순은 급속히 성장하는 신생 기업의 경우 더욱 첨예하게 직면하게 되는 문제다. 기존 직원만의 문제가 아니라 신규로 채용하는 직원까지 가세하는 경우가 많기 때문이다. 심지어 신생 기업은 아직 인사 관리의 노하우도 갖추지 못한 경우가 많기 때문에 이러한 문제를 슬기롭게 풀 수 있는 역량마저 미흡한 경우가 많다. 지금 적지 않은 성과를 창출하는 스타트업 기업이 있다면 조만간 이와 같은 딜레마에 직면하게 될 것이다.

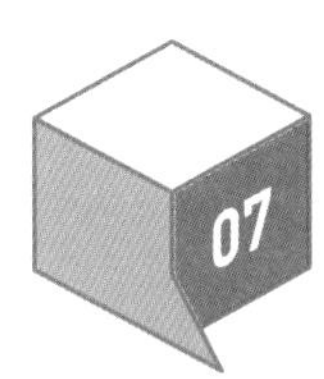

스타트업에게 사칙은 어떤 의미일까

회사는 사칙 내지 사규에 따라 운영된다. 사칙이란 회사의 업무를 수행하기 위한 기준이자 근거이기 때문에 회사 구성원은 사칙을 준수해야 하며, 사칙에 근거해 업무를 수행해야 한다.

실제로 회사가 점차 커짐에 따라 사칙에 포함되어야 할 내용이 많아져 사칙 또한 늘어나는 것이 일반적이다. 이에 반해 이제 막 창업한 스타트업 기업 중에서 견실한 사칙을 만들어 이를 바탕으로 회사를 운영하는 곳은 손에 꼽을 정도다. 창업 초기에 회사 구성원 간 불협화음이 일어나는 대표 원인은 바로 사칙이 부재하기 때문이다. 예를 들어, 함께 창업한 여성 동업자가 갑작스러운 임신으로 출산 휴가나 육아 휴직을 사용하고 싶다고 요청한다. 이는 당연한 권리 중 하나로 회사는 당연히 휴가를 제공해야 한다. 하지만 회사마다 출산 및 육아 휴직 수준이 다른 것이 엄연한 현실이다. 별도의 출산 휴가에 대한 사칙을 마련하지 않은 스타트업의 경우, CEO와 당사자 사이에 상호 기대하는 휴가 기간이나 사내 복리후생 수준에 적지 않은 견해차가 있을 수 있고, 이 과정에서 불협화음이 생길 수 있다.

배우자가 이직해 원거리로 이사 가야 하는 직원이 유연근무제를 요청할 수 있다. 통상적인 스타트업 기업은 규격화되지 않은 자유로운 근무 문화를 지향하는 곳이 많다는 이유로 편하게 요청할 수도 있다. 하지만 회사 경영진은 직원과는 다른 견해를 가질 수도 있다.

이 밖에도 성과급 지급, 사무용품 구입 및 교체, 법인카드 사용, 휴가, 포상, 징계 등 거의 모든 회사 업무에 나름의 기준이 필요하다. 그렇지 않고 규칙이 필요할 때마다 CEO가 임의로 정한다면 이 과정에서 반드시 적지 않은 문제가 발생할 수 있다.

그렇다고 해서 이제 막 창업한 기업이 견실한 회사의 사칙을 모방해 업무의 세부 내용까지 명확히 규정하는 것도 올바른 일은 아니다. 아직 회사 업무가 불확실한 상황에서 사칙부터 규정할 경우 해당 사칙이 사문화되거나 수시로 변경해야 하는 불편함을 야기할 수 있다. 하지만 업무 내용에 대해 과도한 규정화를 지양해야 하는 가장 큰 이유는 다른 데 있다. 구성원의 자발적인 노력과 헌신이 무엇보다 중요한 창업 초기에 적극성을 떨어뜨리는 요인으로 작용할 수 있기 때문이다.

2001년 보스턴 소방본부는 직원이 일수 제한 없이 사용하던 유급 휴가를 15일 이내로 제한한 바 있다. 휴가 제도의 악용을 막을 뿐만 아니라 휴가 사용 일수도 줄이기 위한 목적이었다. 하지만 당초 기대와 달리 휴가 사용 일수가 오히려 증가했다. 크리스마스와 신년 초에 신청하는 경우는 이전보다 10배 가까이 늘었다. 휴가 일수에 제한이 없음에도 사명감 때문에 스스로 휴가 일수를 조절하던 소방관들이 15일까지는 사용해도 된다고 여기게 되었기 때문이다.

규정에 대한 사람의 반응을 보다 명확히 제시해주는 또 다른 사례가 있다. 이스라엘 탁아소에서 부모가 아이를 정해진 시간에 데려가지 않을 경우 벌금을 부과하는 제도를 도입했다. 그 결과 벌금을 부과하면 부모가 지각을 하지 않을 것이라던 예상과는 달리 오히려 약속된 시간에 아이를 데려가는 부모의 수가 더 줄었다. 이전까지는 자신 때문에 퇴근도 못 하는 보육교사에게 미안한 마음을 느끼던 부모에게 벌금이 면죄부를 준 것이다. 심지어 벌금을 금전적인 비용으로 생각하고 벌금을 내고 지각하는 것을 당연시하는 사람도 생겨났다.

창업 초에는 회사 업무를 규격화하기가 어렵다. 이러한 상황에서 예측하지 못한 난관을 극복하는 데에는 조직 구성원의 헌신이 무엇보다 중요하다. 이런 관점에서 사칙은 분명 필요하지만 과도한 사칙은 구성원의 헌신과 적극성을 저해할 수 있다.

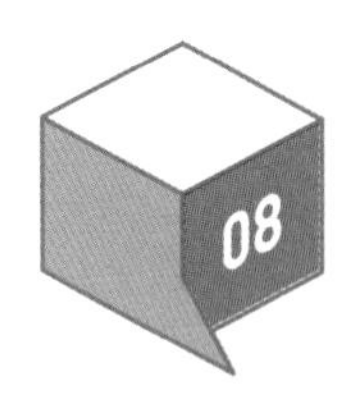

사칙보다 중요한 것은 조직문화를 어떻게 형성하느냐다

출근 시간을 다른 회사보다 1시간 늦춰 직원이 편하게 출근할 수 있도록 배려하는 회사라든가, 퇴근할 때는 절대 인사하지 않게 해 맘 편히 퇴근할 수 있도록 배려한 회사가 있다. 또 한 달에 한 번 사내 로또나 경품 행사를 진행해 직원이 작은 꿈과 기대감을 갖고 회사 생활을 할 수 있도록 배려한 회사도 있다. 많은 회사가 저마다 다채로운 방식으로 새로운 조직문화를 실험하고 있다.

많은 스타트업이 이처럼 남다른 회사 운영 방식을 추구하는 이유는 기존 회사와는 달라야 한다는 강박관념 때문만은 아니다. 기존 기업보다 높은 효율성을 발휘하기 위한 고심에서 나온 시도인 경우가 많다. 그리고 이런 시도는 기존 기업들로부터 우수한 인재를 유치하는 의도하지 않은 효과를 내기도 한다.

새로운 기업문화의 효과

정형화된 방식으로 운영되는 기존 기업에 재직하는 직장인은 회사 업무에 커다란 회의감을 품는 경우가 많다. 얼마 전 대한상공회의소는 직장인 4,000여 명을 대상으로 기업 내 업무 방식에 대한 실태를 조사한 결과를 발표했다. 설문 결과, 국내 기업의 업무 처리 방식 종합점수는 낙제 수준인 45점(100점 만점)을 기록했다. 특히 업무 지시 과정에서 업무의 목적과 전략을 얼마나 분명히 하는지에 대해서는 30점, 업무 지시와 배경을 명확히 설명해주는지에 대해서는 39점, 업무를 수행하는 데 얼마만큼 충분히 권한을 위임해주었는지에 대해서는 37점을 나타냈다.

해당 조사 결과는 사내 업무에 대한 이러한 저조한 평가가 이유를 설명해주지도 않고 질문 자체도 용인하지 않는 소통문화에서 기인한 것이라고 분석한다. 실제 이 연구에 참여한 많은 직장인이 업무 방식이라고 하면 떠오르는 단어로 '비효율', '삽질', '노비', '위계질서' 등 부정적 단어를 연상하는 비율이 86퍼센트를 차지했다. 이에 반해 '합리적', '열정', '체계적'이라는 긍정적 단어를 연상하는 비율은 14퍼센트에 불과했다.

기존 기업에 대한 저조한 평가와는 달리 창업한 지 몇 년 안 되어 커다란 사회적 반향을 불러일으키며 급성장한 우아한형제는 많은 구직자가 입사하고 싶은 기업으로 꼽힌다. 특히 우아한형제의 사훈 내지 회사 방침은 많은 사람의 관심 속에 이슈화된 바 있다. "송파구에서 일 잘하는 방법"이라는 제목 아래 나열된 사훈들 중 "간단한 보고는 상급자가 하급자 자리로 가서 이야기나눈다"라든가 "잡담을 많이 나누는 것이 경쟁력이다" "휴가 가거나 퇴근 시 눈치 주는 농담을 하지 않는다"라는 항목에는 때로는 익살스럽고 때로는 사원을 배려하는 마음이 잔뜩 담겨 있다.

이런 사훈을 처음 접하면 왠지 이 회사는 유쾌하면서도 상대를 배려하는 분위기 속에서 일할 것이라는 기대감을 갖게 된다. 그렇다고 해서 우아한형제가 한없이 자유분방하기만 한 것은 아니다. "9시 1분은 9시가 아니다" "솔루션 없는 불만만 갖게 되는 때가 회사를 떠날 때다"와 같은 내용들은 회사 구성원으로서의 책임감을 주지시킨다. 새로운 제품이나 아이디어에만 매달리는 예비 창업가가 있다면 회사 운영 방식도 그에 못지않게 중요하다는 사실을 기억해야 할 것이다.

창업 기업들이 조직문화를 형성할 때 특히 고려해야 할 부분이 있다. 조직 내에 개방적인 소통문화를 배양해야 한다는 점이다. 최근 베스트셀러 『90년생이 온다』처럼 1990년대생이 몰려오고 있다. 특히 창업 초기에 상대적으로 인건비가 저렴한 직원을 선발하다 보면 경력이 짧은 직원을 찾게 되고, 그 과정에서 어린 직원들과 함께 일해야 하는 경우가 많다. 하지만 이들 젊은 세대는 기성세대와 가치관이 다르며, 직장 생활 역시 다른 가치관 아래 판단하고 행동한다. 그런 과정에서 갈등이 일어나는 것이다. 하지만 잊지 말아야 할 것은 지금 주된 소비자층 중 하나가 이들 1990년대생이라는 점이다. 따라서 창업가는 무조건 자신의 가치관이 옳다고 주장할 것이 아니라 다른 가치관을 가진 사람과 소통하는 능력을 갖추어야 할 것이다.

오늘날 글로벌 혁신 기업의 두드러진 특징 중 하나는 수평적인 기업문화다.

개방적인 기업문화의 장점

특히 오늘날 글로벌 혁신 기업의 두드러진 공통점 중 하나는 개방적인 기업문화다. 개방적인 기업문화가 주목받는 이유는 글로벌 경영 환경의 급변에서 찾을 수 있다. 회사의 지속적인 성장을 위해 가장 중시했던 연구개발 부분마저도 최근에는 아웃소싱을 하거나 제휴를 통해 해결하는 추세다. 막대한 자금과 인력을 투자해 얻은 기술이 시장 상황 변화로 무용지물이 될 수도 있는 상황에서 필요한 기술을 갖춘 회사를 찾거나 기술을 대신 개발해 줄 외부 기관을 찾는 것이 위험 요소를 줄일 수 있다는 판단 때문이다. 더욱이 기술의 수명이 짧아지는 상황에서 내부 인력을 통한 개발과 이에 대한 보안에 집중하는 것보다는 외부 전문가가 구축한 새로운 지식과 기술을 활용하는 게 더 효율적이다.

개방적인 조직문화는 외부 환경뿐만 아니라 조직 내부에서도 중요한 역할을 한다. 회사라는 조직은 효율성을 추구하는 과정에서 불가피하게 부서, 팀, 계열사 등으로 구성원을 분류한다. 이러한 분류는 같은 회사 구성원 사이에서 서로를 구분 짓는 요인이 되기도 하고, 타 부서 혹은 타 계열사와 소통을 가로막는 단서가 되기도 한다. 특히 최근 사내 분야별 전문성이 높아지면서 같은 회사 안에서도 담당 업무가 다르면 타 부서의 업무 내용을 이해하거나 업무 진행 상황을 정확히 숙지하기가 어려워지고 있다. 이는 비효율성이 증대되는 원인이 되기도 한다.

20세기 세계 일류 기업이었던 제록스의 몰락도 기업 내부의 폐쇄적인 문화가 주요 원인이었다. 변화된 환경에 적응할 수 있는 원천을 조직이 확보하고 있는데도 이를 알아채지 못해 세계적인 비웃음거리로 전락한 예다. 한 경제연구소의 연구 결과에 따르면 직장인 65.3퍼센트와 경영자 46.0퍼센트가 조직 내에서 소통 부재를 느낀다고 평가했다. 해당 조사에서는 기업 소통을 업무적 소통(업무 지시와 보고, 피드백, 정보 공유 등)과 창의적 소통(아이디어 제안과 부서 간 협업 등), 정서적 소통(교류와 공감, 상하 배려 등) 등 세 가지로 구분했는데 한국 기업은 세 유형이 모두 미흡한 수준으로 나타났다.

가장 큰 원인은 위계적이고 경쟁 지향적인 조직문화였다. 응답 중 상명하복식의 위계문화(32.9퍼센트)가 가장 많았고, 자기 이익만 추구하는 개인 부서 이기주의(32.1퍼센트), 지나친 단기 성과주의

강조(31.4퍼센트) 등이 뒤를 이었다. 위계질서가 명확한 한국적 기업문화에서 개방적인 소통문화가 더 강조되어야 할 이유가 바로 여기에 있다. 현대 기업에 개방적 조직문화는 선택이 아닌 필수다. 버클리대학교 하스경영대학원 헨리 체스브로Henry W. Chesbrough 교수는 '열린 혁신'이 중요한 시대가 왔다고 역설한 바 있다. 개방적 문화 속에서 이루어낸 혁신이 기업의 지속적인 성장을 가져다줄 중요한 요인이라는 사실이다.

기업문화와 창의력의 관계

개방적인 조직문화가 가져다주는 효과는 더 있다. 스타트업이 기존 기업과 달리 반드시 갖추어야 할 역량 중 하나로 '창의력'을 꼽을 수 있다. 소비자들이 이미 신뢰감이 형성된 기존 회사의 제품을 선택하는 것이 아니라 처음 보는 회사의 제품을 선택하는 이유는 기존 제품과는 차별화된 새로운 제품이기 때문이다. 그뿐 아니라 스타트업 기업들은 회사를 운영하는 방식에서도 기존 기업들과는 차별화된 방식을 따르는 경우가 많다. 직함을 없애고 수평적인 조직문화를 지향하는 회사라든가, 전 직원을 대상으로 성격 테스트를 수행해 성격 유형별로 명찰 색깔을 달리한 회사 등 많은 회사가 기발한 방식으로 회사 문화를 형성하기 위한 노력을 전개하고 있다. 이러한 노력 모두 창의력을 배양하기 위한 노력의 일환이라 할 수 있다.

이러한 노력은 언뜻 전혀 다른 방식으로 전개되는 듯하지만 자세히 들여다보면 상당히 유사한 지향점이다. 그중 하나가 협동을 장려한다는 점이다. 남다른 혁신을 가져다준 제품과 서비스는 한 사람의 머리에서 나온 것이 아니다. 여러 사람의 논의와 검토를 바탕으로 만들어진 집단지성인 경우가 많다. 이러한 사실은 쉽게 확인할 수 있다. 학창 시절 우리는 세계적인 제품의 발명가들 이름을 위인전이나 교과서 등에서 마주한 바 있을 것이다. 전화기 발명자 벨, 전구 발명자 에디슨 등이다.

하지만 최근 전 세계적으로 커다란 변화를 가져다주는 일련의 제품들의 경우에는 해당 제품을 누가 발명했는지 좀처럼 알려지지 않는다. 그것은 다양한 전문가들의 지식과 노력에 의해 만들어진 집단지성의 결과물이기 때문이다. 대부분 이러한 혁신가들이 학교나 기업, 연구소 등에 모여서 일하기 때문에 최근에는 어떤 기업에서 신기술 개발에 성공했다든가, 특정 대학이나 연구소에서 신물질 개발에 성공했다는 식으로 기관명을 중심으로 혁신의 주체를 표현하는 경우가 많다.

혁신을 위한 협력적 분위기를 원활하게 조성하기 위해서는 가장 먼저 조직이 다양한 관점을 수용해야 한다. 다른 분야의 종사자나 전공자들이 모여 협력을 할 때는 비슷한 분야에서 종사하는 사람들이 협력할 때와는 의사결정 방식, 가치 부여 내용 등이 전혀 다른 경우가 많다. 우리나라 기업은 상대적으로 이러한 경험이 적은 편이지만, 실리콘밸리나 베를린과 같이 세계적인 창업 허브 도시들의 경우에는 조직 구성원 간의 인종적·종교적 차이 등으로 인해 적지 않은 갈등이 발생하곤 한다. 이러한 상황에서 결국 타인에 대한 수용성과 이해도가 조직 내에서 얼마나 높은지에 따라 혁신의 성과가 달라진다.

이를 위해서는 특정 분야의 전문가에게도 다른 부서와 다른 직무의 업무를 이해할 수 있는 기회를 함께 제공해주어야 한다. 마케팅 전문가에게도 제품 개발 파트의 업무를 이해할 수 있는 기회를 제공해주어야 하고, 반대로 R&D 파트에 해당하는 사람에게도 영업 현장에서 어떠한 상황이 전개되는지를 이해할 수 있는 기회를 제공해주어야 한다. 그리고 다른 부서의 업무를 이해하기 위한 노력 역시 기업의 성과로 이어질 수 있는 중요한 밑천이기에, 이러한 노력 역시 성과 보상으로 인정해주어야 할 것이다.

최근 코로나19로 인해 기존에 자리 잡은 기업들마저 새로운 대안을 모색해야 할 상황이 되었다. 이 과정에서 기존 직원들이 변화한 상황에 부합하는 새로운 대안을 좀처럼 제시하지 못한다고 푸념하는 CEO가 많은 듯하다. 지금 이와 유사한 생각을 하는 창업가나 기업가가 있다면, 혹시 혁신적인 대안을 특정인이나 특정 부서에만 강요하는 건 아닌지, 그리고 이미 혁신적인 아이디어가 제시되었는데 자신의 선입견으로 이를 묵살한 건 아닌지 돌아봐야 한다.

스타트업도 업무 권한 이양이 필요한가

최근 들어 그 어느 때보다 경영 환경이 급변하면서 애자일 조직이 크게 주목받고 있다. 애자일agile은 '민첩한', '기민한'이라는 뜻으로, 높은 불확실성 상황에 빠르게 대응하기 위해 조직 자체를 소규모 팀 단위로 구성하고, 해당 부서에서 자체적으로 판단하여 의사결정을 할 수 있는 조직 구조를 말한다.

이상에서 설명한 애자일 조직은 일견 규모가 일정 수준 이상인 기업들이 비대해진 조직 구조로 인해 기민함이 떨어지는 상황에서만 주목해야 할 문제라고 생각하기 쉽다. 하지만 실제로 많은 스타트업 기업들도 비슷한 고민을 하게 될 때가 많다. 창업 초기에는 아직 회사 업무 전반의 시스템을 갖추지 못한 경우가 많다. 이러한 상황에서 회사 직원들은 현장에서 부딪히는 크고 작은 문제들에 어떻게 대처해야 하는지 판단하기 어렵다. 그렇기 때문에 많은 경우 대표이사에게 직접 해당 문제를 문의한 뒤에 업무를 처리하곤 한다. 기업 현장에서 마주치는 문제들을 매번 이런 방식으로 해결하게 되면 창업가의 업무가 과부하된다. 항상 직원들의 전화에 시달려야 하며, 한 가지 사안에 대한 업무 지시를 내리기 전에 해당 상황을 판단하기 위해 직원들과 몇 차례 이상 통화를 해야 하는 경우도 많다. 이렇게 되면 정작 많은 시간을 투여해 세심한 의사결정을 내려야 하는 사안에 크게 신경을 쓰기가 어려워진다. 이는 기업 전반의 경쟁력을 악화시키는 요인이 된다.

물론 창업가들 중에는 소수의 직원이 주인의식을 갖고 일하도록 유도하기 위해, 자신에게 문의하지 말고 자율성을 갖고 결정할 수 있도록 유도하는 경우도 많다. 하지만 통상적으로 스타트업 기업들이 고용하는 직원은 기존의 기업들과 달리 사회 경험이 일천하거나 관련 분야의 지식이 다소 부족한 경우도 많다. 또한 이직률도 높아 업무 관련 경험을 쌓기도 힘든 상황이다. 이러한 상황에서 일선 직원들에게 업무 관련 권한을 과도하게 이양하는 것은 오히려 직원들을 곤혹스럽게 만드는 경우가 많을 뿐만 아니라 실제로 커다란 문제를 야기하기도 한다.

그렇다면 스타트업 기업들은 어떠한 형태로 운영되어야 할까? 이에 관한 흥미로운 실험 결과가 하나 있다. 하버드대학교 의과대학의 대학병원 병동을 대상으로 투약 관련 실수를 많이 하는 병동과 그렇지 않은 병동을 대상으로 어떠한 조직문화 속에서 일하고 있는지를 확인한 실험이다. 물론 실험 수행 전에는 당연히 투약 실수가 적은 병동이 업무 소통력, 팀워크, 치료 성과, 직원 만족도 등이 높을 것으로 예상했다. 하지만 실제 상황은 전혀 달랐다. 실험 수행자들이 불시에 병원을 방문해 조사한 결과, 안정성이 가장 높은 병동으로 평가받은 병동에서 오히려 더 많은 실수가 발견된 것이다. 상위 직급자의 업무 전달력과 리더십이 뛰어나다고 평가받은 병동일수록 일선에서는 투약 실수가 더 많다는 점이 확인된 것이다.

왜 이 같은 현상이 일어났을까? 연구진들은 안정감 높은 조직으로 평가받은 조직이 실상은 상급자의 실수를 지적하는 것을 두려워하고, 이로 인해 기록으로 남긴 투약 실수 건수를 인위적으로 줄여왔으며, 자발적으로 의사결정을 내려 업무를 추진하다 지적을 받기보다는 아는 일이라도 물어보고 상급자가 시키는 대로 업무를 수행하는 문화가 공고하다는 점을 확인했다.

현장에서 전개되는 모든 업무를 직접 수행할 수 있는 CEO는 없다. 또한 현장의 모든 상황을 매뉴얼로 만들 수도 없다. 회사가 존재하는 이유는 혼자 할 수 없는 일들을 조직적으로 분담해서 진행하기 때문이다.

누구에게서 도움을 받을 수 있을까

어떤 조력자를 선택하느냐에 사업의 성패가 달려 있다

유비 곁에 제갈량 같은 유능한 책사가 있어 난관을 슬기롭게 극복할 수 있었던 것처럼 많은 창업가가 자신에게도 제갈량같이 값진 조언을 해주는 사람이 있으면 좋겠다고 생각할 것이다. 창업에 대한 관심이 고조되면서 창업가를 도와주는 다양한 전문 회사도 함께 대두되고 있다. 액셀러레이터Accelerator, 인큐베이터incubator, 컴퍼니빌더company builder, 벤처캐피털 등과 같은 일련의 회사가 여기에 해당한다. 인적, 물적 자원이 부족한 창업 초기에 다양한 관련 기업의 지원을 받을 수 있다는 것은 분명 환영할 일이다. 하지만 최근에는 매우 다양한 기업 형태가 존재하다 보니 이 과정에서 창업가에게 본의 아니게 혼란을 야기하는 측면도 없지 않다.

사실 액셀러레이터, 인큐베이터, 컴퍼니빌더와 같은 개념은 학술적인 용어라기보다는 비즈니스 현장에서 전개되는 현상을 설명하기 위해 만들어낸 용어다. 특정 회사가 창업가를 조력하기 위한 지원 프로그램을 구축하고, 이를 서비스하는 과정에서 자신을 지칭하면서 탄생한 용어이거나 관련 업태를 구분하기 위해 만들어낸 경우가 많다. 그렇다 보니 동일한 개념으로 분류되는 회사라 하더라도 세부 지원 프로그램의 방식과 내용은 천차만별인 경우가 많다.

많은 창업가가 혼란스러워하는 부분도 여기에 있다. 어떤 부류의 회사를 선택해야 더 유용한 도움을 받을 수 있는지, 더 나아가 어떤 지원 프로그램을 제공해주는 회사를 선택해야 하는지 혼란스러운 것이다. 이에 관해 최근 유용한 대답을 제공해주는 연구 결과가 하나 발표됐다. 조지아대학교, 노스캐롤라이나대학교, 워싱턴대학교의 연구진이 동일한 액셀러레이터로 분류되는 일련의 회사를 대상으로 이들이 제공하는 프로그램이 창업가의 성공에 어떠한 영향을 미치는지를 분석한 것이다.

분석 결과, 여러 액셀러레이터 중에서 표준화된 프로그램을 구축해 제공하는 회사의 성과가 더욱 높은 것으로 확인됐다. 액셀러레이터 중에서는 창업가의 사업 분야와 사업 내용에 따라 그때그때 맞춤형으로 지원 프로그램을 제공하는 회사가 있다. 하지만 본 연구 결과에서는 사업자의 업종이나 사업 내용과 무관하게 창업 초에 필요한 내용을 동일한 프로그램으로 제공해주는 액셀러레이터가 더 높은 성과를 보이는 것으로 확인됐다.

다음으로, 지원하는 회사가 상호 교류할 수 있는 기회를 제공해주는 액셀러레이터일수록 더 높은 성과를 보이는 것으로 확인됐다. 액셀러레이터 중에는 창업가의 사업 아이템에 대한 보완·유지 등을 위해 자신들이 지원하는 스타트업 간의 교류 기회를 차단하는 경우가 종종 있다. 특히 업종이 다르고 아이템이 다른 회사 간의 교류가 커다란 이점을 주지 못한다는 판단에서다.

하지만 실제로는 사업 내용과 업종이 다른 회사라 하더라도 액셀러레이터가 지원하는 회사가 어떠한 방식으로 대응하고 성장하는지를 확인하는 기회를 제공해줄 때 지원하는 회사가 더욱 빠르게 성장하는 것을 확인할 수 있었다. 연구진은 이러한 현상을 비록 다른 분야에서 활동하는 회사라 하더라도 여타 회사가 빠르게 성장하는 모습을 보면 다른 회사도 이러한 사실에 자극을 받거나 고무돼 분발하기 때문이라고 평가했다.

이상의 내용을 종합할 때, 창업 초기에 어떠한 조력자를 선택하고 어떠한 조력 프로그램을 선택하느냐에 따라 사업의 성패가 달라진다는 사실을 확인할 수 있었다. 이와 함께 가능한 한 개방적으로 여타 지원 회사의 성장 과정을 지켜볼 수 있는 프로그램과 표준화된 프로그램을 제공하는 회사로부터 조력을 받는 것이 유리하다.

창업가의 조력자
액셀러레이터

액셀러레이터는 쉽게 말해 창업 초기 과정을 조력해주는 사람을 말한다. 구체적으로 설명하자면, 적합한 스타트업을 선별해 해당 기업가가 초기 난관을 성공적으로 극복하고 성장을 가속화accelerating할 수 있도록 투자, 교육, 멘토링 등을 지원하는 민간 전문기관 또는 기업을 말한다. 액셀러레이터가 본격적으로 확산되기 시작한 것은 2000년대 중반 이후 와이콤비네이터Y Combinator라는 전설적인 액셀러레이터가 성과를 내면서부터다. 와이콤비네이터는 2005년 컴퓨터 해커로 유명한 폴 그레이엄Paul Graham이 설립했다. 그는 지난 10년간 500개가 넘는 벤처기업을 지원했다. 이들 500여 개 기업의 평균 가치는 4,500만 달러에 달하는 수준으로 성장했다. 시가 총액이 수십조에 달하는 에어비앤비, 드롭박스 역시 와이콤비네이터가 배출한 기업이다. 와이콤비네이터는 액셀러레이터라는 사업 모델이 충분히 유의미한 결과를 가져올 수 있음을 많은 사람에게 확인시켜주었다.

현재 미국, 영국, 이스라엘 등 벤처 창업이 활성화된 국가를 중심으로 전 세계에 2,000개 이상의 액셀러레이터가 활동하고 있다. 이들은 ICT 기반 스타트업뿐만 아니라 교육, 에너지, 기업 솔루션, 헬스케어 등 다양한 분야에 대한 창업가 교육, 전문적 조언을 수행한다. 모든 액셀러레이터의 역할이 획일적인 것은 아니며, 국가별로도 다르다. 일례로 미국의 경우에는 민간이 주도해 전개되는 반면, 독일은 정부 주도, 핀란드는 대학 주도의 액셀러레이터 프로그램을 구축하고 있다.

일반적으로 많은 액셀러레이터에는 다음과 같은 공통점이 있다. 일정 기간 자신들이 지원할 스타트업을 공모 절차를 거쳐 모집하고, 이를 통해 선발된 기업에게 선배 창업가, 투자자, 법률 및 행정 전문가 등과 함께 전문적인 교육을 수행하고, 사업계획서 작성, 투자 유치 등을 집중 지원한다. 업계 전문가들과 만남을 주

액셀러레이터는 투자, 교육, 멘토링 등을 지원함으로써 창업 기업의 초기 과정을 조력하는 민간 전문기관 또는 기업이다.

선하는 등 네트워크를 구축해주기도 한다. 이러한 보육 기간을 통해서 준비된 결과물을 바탕으로 데모데이를 진행해 앤젤투자자와 벤처캐피털 등의 투자를 유치한다.

최근에는 유력 액셀러레이터 프로그램에 포함되었다는 이유만으로도 대규모 투자를 유치하거나 언론 등으로부터 주목받는 기업이 많다. 이러한 사실은 액셀러레이터의 역할이 점차 커져감을 확인시켜준다. 현재 액셀러레이터에 대한 선형 연구 결과를 보면, 액셀러레이터는 창업 기업의 생존율을 10~15퍼센트 정도 높이는 것으로 나타났다. 벤처캐피털 자금의 회수 기간 또한 줄이는 데 일조하는 것으로 확인되었다.

우리나라도 중소기업창업지원법을 개정해 액셀러레이터에 법적 지위를 부여할 뿐만 아니라 관련 육성 정책을 지속적으로 추진하고 있다. 국내 최초로 설립한 프라이머를 시작으로 민간, 정부, 대학 등을 중심으로 다양한 액셀러레이터가 활동하고 있다. 최근에는 롯데, 한화 등 대기업도 액셀러레이터를 설립해 창업가들을 지원하고 있다. 만약 혼자 뛰어넘기 어려운 과제에 직면한 창업가가 있다면 액셀러레이터의 도움도 고려해볼 만하다.

회사를 키워주는 컴퍼니빌더

창업가들의 또 다른 조력자로 컴퍼니빌더가 있다. 컴퍼니빌더란 창업가가 가진 아이디어를 정교화해 사업화에 적합한 형태로 개발해줄 뿐만 아니라 팀 구성, 사업 모델 구현에 필요한 초기 운영 자금 투입까지 주도해주는 회사를 말한다. 창업가를 조력해주는 또 다른 회사 유형인 인큐베이터, 엑셀러레이터 등과 비교해보면 그 형태가 분명해진다.

먼저 인큐베이터는 대학, 연구소, 경영대학원 등에서 예비 창업가나 스타트업에 물리적 공간을 제공해주고, 비즈니스 아이디어 개발을 지원하는 역할을 한다. 인큐베이터의 주요 특징은 물리적 사무 공간 제공, 멘토링, 비공식적 이벤트, 컨설팅 서비스 제공, 투자자에 대한 노출 및 공공 자금 연결로 요약된다.

액셀러레이터는 공개적인 선발 과정을 통해 선정된 스타트업

컴퍼니빌더는 창업가의 아이디어를 사업에 적합한 형태로 개발해주고 창업 초기 단계를 이끌어준다.

에 제한된 기간 동안 집중적인 멘토링과 다양한 이벤트를 제공하고, 소규모 지분 투자도 병행한다는 것이 특징이다. 컴퍼니빌더는 앞서 열거한 두 가지 회사 유형과 달리 새로운 비즈니스 기회를 내부, 즉 컴퍼니빌더 설립자의 전문 분야에서 찾는다는 점에서 그 차이가 있다. 컴퍼니빌더의 원조 격인 아이디어랩Idealab의 사업 방식만 보더라도 쉽게 알 수 있다. 아이디어랩은 빌 그로스Bill Gross가 1996년에 시작한 컴퍼니빌더의 원조 격인 회사다.

아이디어랩은 회사 내부에서 여러 아이디어를 직접 제안하고, 이를 자체적으로 인큐베이팅해 일정 수준 이상이 되면 스핀오프 시키는 방식으로 회사를 운영했다. 이외에도 2007년 독일에서 시작된 로켓인터넷Rocket Internet이라는 컴퍼니빌더도 있다. 로켓인터넷은 현재 여러 스타트업에 투자해 약 110개 국가에서 3만 명이

넘는 직원을 보유한 회사로 성장했다.

이처럼 컴퍼니빌더는 스타트업 기업이 일정 규모 이상으로 성장했을 때 투자 자금을 회수하는 방식으로 해당 회사와의 인연을 끊는 것이 아니라, 그 뒤에도 지분 투자를 유지하는 등의 형태로 해당 회사와 관계를 지속하는 것이 일반적이다. 컴퍼니빌더를 스타트업 지주회사이나 스타트업 스튜디오로 부르는 이유 역시 여기에 있다.

최근 운영되는 여러 컴퍼니빌더는 초기 모델과 달리 내부뿐만 아니라 외부의 다양한 아이디어를 적극 도입해 함께 회사를 설립해 운영하는 방식으로 진화했다. 이 과정에서 컴퍼니빌더가 사업 수행 단계에 이르기까지 회사의 공동 운영 주체로 활동하면서 함께 운영하는 경향이 점차 두드러진다.

최근 국내 스타트업 분야에서 목격되는 현상 중 하나가 스타트업을 지원하는 다양한 프로그램과 환경이 점차 완비되어감에도 불구하고, 의미 있는 수준으로 성장시킬 만한 스타트업은 좀처럼 보기 어렵다는 것이다. 이 과정에서 혼자서 창업하기에 준비가 아직 부족한 예비 창업가가 있다면 국내에서 활동하는 여러 컴퍼니빌더들을 찾아보는 것도 방법일 것이다.

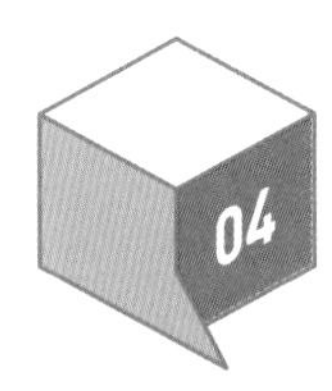

회사 내부 구성원으로부터
도움을 받는다는 것의 의미

경영 환경이 빠르게 변화함에 따라 사업 초기에 기획한 내용을 중간에 수정해야 하는 경우가 점차 많아지고 있다. 사업 모델이라는 것이 직간접적으로 연관된 산업 생태계 속에서 기획되다 보니, 산업 생태계 자체가 변화할 때는 당초 기획한 사업 모델 자체를 수정해야 하는 것이다. 그런데 이 과정에서 사업 모델을 원활하게 수정·보완하는 데 가장 큰 걸림돌 중 하나가 내부 구성원이라는 사실을 아는 사람은 많지 않은 듯하다.

기존의 사업 모델과 달리 새로운 사업 모델을 원활히 구축하기 위해서는 무엇보다 내부 구성원의 적극적인 협조가 있어야 한다. 하지만 회사 내부 구성원에게 신규 사업 모델은 당초 입사할 때 기대한 업무 내용이 아닌 경우가 많다. 자신의 전공 또는 전문 분야와 무관하거나 이전 직무 경험을 활용하기 어려운 사업 모델로 변경될 수도 있다. 또 회사 구성원 개개인이 향후 생각하는 커리어 경로에도 부합하지 않는 내용으로 사업 모델이 수정되는 경우도 많다. 상황이 이렇게 되면 새로운 사업 모델의 방향성이 맞다 하더라도 회사 내부에서 적극적인 호응과 협조를 이끌어내기가 어렵다. 당연히 이 과정에서 신규 사업에 대한 성공 가능성 또한 낮아지게 된다.

코닥의 사례는 이러한 상황을 여실히 확인시켜준다. 코닥은 1975년 세계 최초로 디지털카메라를 개발하는 데 성공했음에도 기존 필름 시장을 버리지 못해 쇠퇴의 길로 접어들어 2012년 파산한 것으로 유명하다. 당시 코닥 경영진은 더 이상 필름을 사용하지 않아도 되는 디지털카메라 기술을 내부에서 개발했음에도 불구하고 이에 주목하지 않았고 활용하지도 않았다. 먼저 코닥의 기존 조직 대부분은 필름 판매에 따라 성과가 연동됐을 것이다. 사내 부서 대부분이 필름 생산, 유통, 판매 등 전 과정을 지원하는 데 직간접적으로 관련됐을 것이다. 이러한 부서는 대체재 성격이 있는 디지털카메라가 보편화될수록 자신의 인사고과, 연간 목표량 등을 달성하기가 점점 더 어려워진다. 따라서 기존 조직은 디지털카메라라는 신기술을, 장기적인 관점에서는 회사에 도움이 될지 모르지만 지금 당장 자신의 성과를 달성하는 데는 커다란 장애 요인으로 인식한 것이다.

그렇다고 해서 기존 조직 구성원이 디지털카메라 부서로 보직을 변경하기도 쉽지 않다. 필름을 만드는 전문가는 기본적으로 화공 분야의 전문가지만, 디지털카메라를 만드는 전문가는 IT 관련 전문가다. 따라서 자신의 지식과 노하우를 새로운 시장에서 원활히 활용할 수 없다. 이러한 상황에서 회사 내부 구성원이 선택할 수 있는 방법은 기존의 시장과 사업 모델이 가능한 한 오래 지속되는 데 기여하는 것이다. 이상에서 설명한 코닥과 같은 현상이 최근 각광받는 신산업인 핀테크, 전기자동차, 블록체인, 스마트공장, 신재생에너지 등의 분야에서도 보이지 않는 형태로 전개되는 듯하다.

기존 대기업과 중견 기업이 이러한 상황이다 보니, 신산업 분야는 좀처럼 생태계를 형성하지 못하는 형편이다. 그리고 이는 다시 해당 신산업 분야 스타트업 기업에도 고스란히 악영향을 미친다. 신산업의 대두는 많은 창업가에게 새로운 기회가 되어줄 것이라는 기대감을 갖게 만든다. 하지만 이러한 기대감이 견실한 성과로 좀처럼 이어지지 못하는 데는 기존 기업의 내적 요인과 스타트업 기업의 내적 요인도 분명 존재한다.

6장

자금은 어디서 조달하는가

외부 투자와 가족 투자, 무엇이 어떻게 다른가

기업을 창업해 계속해서 생존하기 위해서는 다양한 유형의 자본이 필요하다. 인적 자본, 사회적 자본 그리고 무엇보다 금융 자본이 필요하다. 특히 금융 자본이 풍부할 경우, 인적 자본과 사회적 자본 등이 다소 부족하더라도 이를 직원 채용과 아웃소싱 등으로 보충할 수 있다. 그뿐 아니라 사업 초기 금융 자본은 본격적으로 수익이 발생하기 전까지 버틸 수 있는 시간적 여유를 만들어준다.

많은 기업이 우수한 기술이나 아이디어를 보유하고도 소기의 성과가 나타날 때까지 버티지 못하는 경우도 많다. 어떤 방법이 효과적인지, 어떤 방식으로 마케팅을 해야 하는지에 대한 충분한 성찰에 이르기 전에 자금이 고갈될 수 있기 때문이다. 기업의 좌초된 아이디어나 기술을 거래하는 사이트가 활발히 운영될 수 있는 배경도 여기에 있다. 이 때문에 많은 창업가가 사업 초기에 가장 관심을 두는 부분 중 하나가 바로 금융 자본 형성이다.

이처럼 창업 초기에 금융 자본이 차지하는 비중이 절대적임에도 많은 사람이 금융 자본을 오해하고 있는 듯하다. 가장 대표적인 오해 중 하나가 본인 자금만으로 창업한 사람보다 외부 투자를 받은 사람의 사업이 월등히 뛰어나다는 착각이다. 이는 사실과 다르다. 사업 특성상 굳이 외부로부터 대규모 투자가 필요하지 않은 사업 분야인 컨설팅 회사나 온라인 교육 회사를 설립할 경우, 자신의 경영권을 훼손하면서까지 외부 투자자를 모집할 필요가 없다.

하지만 최종 제품 출시까지 10년 이상의 기간이 소요될 수 있는 신약 분야라든가 대규모 시설 투자가 필요한 사업의 경우에는 자기 자본만으로는 사업 수행이 어렵다. 이처럼 외부 투자 자금의 활용 여부는 능력과 무관하게 사업 특성에 따라 얼마든지 달라질 수 있다. 외부 자금 수혈 여부를 좌우하는 또 다른 요인은 기업가가 구상하는 사업의 규모와 속도다. 예를 들어 작은 규모라도 조금씩 성취해가면서 사업을 키우려는 기업가라면 굳이 외부 투자 자금이 필요하지 않을 것이다.

외부 투자에 대한 오해

초기부터 규모가 큰 사업체를 설립해 빠른 속도로 성과를 내고자 하는 기업가라면 당연히 외부 투자자를 모색해야 할 것이다. 금융 자본에 대한 오해 중 하나는 해외의 경우 외부 투자 자금을 더 쉽게 조달할 수 있을 거라는 생각이다. 다시 말해 국내에서는 창업 초기 자금을 지인을 통해 조달하는 경우가 많지만 해외에서는 전문 투자자 등 외부로부터 조달하는 경우가 많다는 오해다. 이 역시 현실과는 다르다. 하버드대학교의 놈 와서먼 교수에 따르면 미국에서도 신생 기업 중 80퍼센트 가까이가 창업가의 지인이 자금을 출자한다고 한다.

또 다른 오해로는 자기 자본보다 전문 투자자로부터 대규모 자금을 투자 받는 것이 훨씬 쾌적한 경영 환경을 제공해 줄 것이라는 착각이다. 남의 돈을 아무 대가 없이 사용할 수는 없다. 외부 투자자들은 자신들의 자금이 어떠한 방식으로 어떻게 활용되는지 보고 받을 권리가 있다. 따라서 외부 투자 자금이 유입된 이후에는 경영 활동 전반에 대해 투자자들에게 정기적으로 보고하거나 의사결정을 함께하는 등의 불편함을 감수해야만 한다.

그렇다고 해서 벤처캐피털이나 정책 자금 등 전문 투자 자금을 활용하는 데 단점만 있는 것은 아니다. 외부 투자자에게 정기적으로 리포트를 하거나 함께 의사결정을 하는 과정에서 사업체가 더 견실해지거나 조직 전반의 기강이 확립될 수 있기 때문이다. 창업가 혼자 독단적으로 이런저런 결정을 하다 보면, 체계적인 절차가 생략되거나 주먹구구식 결정이 즉흥적으로 이루어질 가능성이 높다. 하지만 외부 투자자들은 이러한 방식의 경영을 결코 좌시하지 않는다. 따라서 자연스럽게 경영 전반에서 합리성과 체계성이 배양될 기회가 주어진다.

누군가로부터 금전적인 투자를 받는다는 것은 회사 경영권을 비롯한 주요 의사결정 과정에서 새로운 역학 관계가 만들어진다는 것을 의미한다. 앤젤투자자나 벤처캐피털 같은 전문 투자 자금을 활용할 경우, 경영권을 비롯한 회사 운영 방식에도 적지 않은 변화를 주어야 한다. 개인 자금만으로 회사를 운영할 때는 혼자서 편하게 결정하던 내용을 이제는 기안이나 양식을 갖춘 보고서로 작성해야 하고, 외부 투자자의 동의를 구하면서 처리해야 한다. 이런 절차를 갖추기 위한 시스템 도입과 행정 직원의 추가 고용이 필요할 수도 있다.

이에 반해 가족이나 지인으로부터 자금을 조달할 때는 정례적인 업무 보고 및 의사결정 과정의 참여 등이 필요하지 않다. 이 때문에 회사 운영상 변화가 없을 것이라고 착각하기 쉽지만 실제로는 가족이나 지인으로부터 자금을 조달할 경우에도 많은 부분 변화가 발생한다. 심지어 창업가의 마음가짐과 회사 운영 방식에 적지 않은 영향을 미치게 된다. 가장 큰 변화로는 위험 선호도에 대한 변화를 꼽을 수 있다. 관련 연구 결과, 외부 자금을 활용한 창업가보다 본인 및 가족 자금으로 창업한 사람이 보수적이고 안정 지향적인 의사결정을 내리는 것으로 확인됐다.

가족 투자의 장단점

본인과 가족의 자금은 외부 투자자의 자금보다 신경 쓰이게 마련이다. 본인과 가족의 자금을 활용하는 기업가는 상대적으로 소액 형태의 투자를 선호하며 과감한 투자를 지양하는 기질이 높아진다. 또한 회사를 매각할 때도 조기에 현금화하려는 성향이 강해진 나머지 제값을 받기 어려워지는 경우도 많다. 가족 및 지인의 자금으로 창업한 기업가는 회사 경영이 어렵더라도 좀처럼 포기하지 않는 기질이 높다. 가족 및 지인의 자금을 이용해 회사를 경영하다 중도 포기할 경우 이들에게 뭐라고 설명해야 할지 난감하기 때문이다. 사업 포기 이후 이들과의 관계 또한 걱정될 수밖에 없다. 이런 요인으로 인해 외부 투자 자금을 활용했을 때보다 가족과 지인의 자금을 활용한 창업가는 끝까지 사업을 지속해보려는 기질이 더욱 커지는 것이 일반적이다.

가족과 지인의 자금을 활용한 창업가는 외부 투자 자금을 활용한 창업가보다 고독해진다. 많은 창업가가 창업을 통해 회사를 경영한다는 것이 생각보다 험난한 일이었다고 회고한다. 그리고 이러한 험난한 여정 속에서 가족이 든든한 피난처였다고 말한다. 하지만 가족과 지인의 자금을 활용하는 순간 그들의 얼굴을 볼 때마다 투자 자금이 떠오르게 되고, 이는 하루빨리 성과를 내야 한다는 중압감으로 이어지게 된다. 그뿐 아니라 퇴근 이후 가족에게 회사 운영의 어려움을 터놓고 말하기도 힘들어진다. 즉 가족이 더 이상 피난처가 되지 못하는 것이다.

가족과 지인은 전문 투자자가 아니다. 따라서 이들에게 외부 투자 자금을 활용할 때 부수적으로 얻을 수 있었던 전문적인 조언이나 자문을 기대하기는 어렵다. 심지어 가족 및 지인들은 관련 분야를 정확히 알지 못한 채 투자를 결정하고 나서 뒤늦게 관심을 보일 때가 있다. 그렇게 되면 아주 기초적인 수준의 질문이나 현실 적합성이 떨어지는 제안 등으로 경영 활동을 방해하기도 한다.

이상에서 열거한 것처럼, 가족과 지인으로부터 자금을 빌릴 경우에도 적지 않은 대가를 치러야 한다. 가족과 지인이 상대적으로 쉽게 투자를 결정하는 것은 사실 냉정한 판단 아래 투자를 한 것이 아니라 사랑하는 사람에게 기부를 한 것이나 다름없다. 이러한 선한 마음에 큰 상처를 주지 않도록 신중한 자세가 필요하다.

앤젤투자자는 어떤 사람인가

앤젤투자자란 벤처캐피털과 같은 전문 투자 기관도 아니면서 그렇다고 가족이나 지인과 같이 창업가가 예전부터 알던 사람들도 아닌 개인이나 집단 투자자를 통칭한다.

원래 우리나라에서는 외부 투자 자금으로서 앤젤투자가 큰 비중을 차지하지는 않았다. 가족이나 지인으로부터의 투자 이외에 추가 자금의 대부분은 정부의 정책 자금과 전문적인 벤처캐피털이 전부였다. 하지만 최근 들어 우리나라에서도 앤젤투자가 일반적인 창업 투자 자금의 한 축을 담당할 만큼 성장했다. 중소벤처기업부의 발표 자료에 따르면, 2016년 말 기준으로 총 앤젤투자 자금은 2,126억 원을 기록해 최초로 2,000억 원을 돌파했다. 2,126억 원에 해당하는 앤젤투자 자금을 보다 세부적으로 들여다보면, 개인 단위의 투자 자금은 3,984명이 총 1,747억 원을 투자한 것으로 확인됐다. 나머지 379억 원은 투자조합 형태의 투자 자금이다.

이런 상황은 이제 우리나라에서도 창업 시 투자 자금을 모집하는 방법 중 하나로 앤젤투자자를 고려해볼 만한 상황이 됐다는 것을 의미한다. 일반적으로, 개인과 지인의 투자는 경제적 이유보다 관계적 이유가 더 크며, 전문적인 벤처캐피털 같은 경우에는 철저히 경제적인 이유에 초점이 맞춰져 있다. 하지만 앤젤투자자들은 투자 목적이 다른 투자 집단보다 다양하다. 앤젤투자자 중에는 철저히 경제적인 부분에만 관심을 보이는 투자자도 있다.

하지만 일부 앤젤투자자는 조언이나 자문 등을 통해 경영 활동에 보다 적극적으로 참여하려는 의도가 있는 경우도 많다. 앤젤투자자가 경영 활동에 관심을 보인다고 해서 벤처캐피털처럼 이사회나 주주총회를 통한 공식적인 의사결정에 관심을 보이는 식은 아니다. 일반적으로 앤젤투자자는 벤처캐피털 자금이 유입된 시점에 자금을 회수하는 경우가 많기 때문이다. 상당수 앤젤투자자가 개인 단위 투자자이고 공식적인 의사결정에는 관심이 없다고 해서 비전문적이거나 비체계적인 투자자라고 치부해서는 안 된다. 왜냐하면 앤젤투자자 중에는 해당 분야에서 이미 창업해본 경험이 있거나 해당 분야에 대한 나름의 경험과 식견이 있는 사람도 상당수다. 해당 분야에 전문성을 겸비한 앤젤투자자는 영업 활동에 적극적으로 참여하는 경우도 많으며, 일부 앤젤투자자는 벤처캐피털 자금이 유입될 수 있는 기회를 제공해주기도 한다.

또한 최근에는 지향점이 비슷한 앤젤투자자들이 조합을 결성해 전문성을 발휘하는 경우도 많다. 따라서 창업가 입장에서는 전문성을 겸비한 앤젤투자자를 만난다면 투자 자금뿐만 아니라 기업 활동에 필요한 다양한 정보와 조언 및 실질적인 도움까지도 받을 수 있다. 그렇다면 앤젤투자자란 결국 개인이나 지인 투자자와 전문 벤처캐피털의 중간적인 위치에 있다는 것 말고 또 다른 차이는 없을까? 어떤 창업가가 앤젤투자자에게 관심을 두어야 할까?

앤젤투자자의 가장 큰 특이점으로는 투자 대상이 다양하다는 점이다. 전문적인 벤처캐피털 같은 경우 대부분 ICT 분야와 신약 등 생명공학 분야를 기반으로 활동하는 경우가 많다. 따라서 이들 분야가 아닌 창업가는 벤처캐피털이라는 외부 투자 자금을 활용할 기회가 대폭 줄어든다. 하지만 앤젤투자자는 가구, 잡화, 요식업 등 다양한 분야에도 투자하는 경우가 많다. 창업가나 예비 창업가가 이러한 앤젤투자자를 만나기 위한 방법으로는 기존 창

앤젤투자자 중에는 해당 분야에서 창업해본 경험이 있거나 전문적인 식견을 갖춘 사람도 많다.

업가로부터 앤젤투자자를 추천받거나 스타트업 전문 회계사나 변호사를 통해서 소개받는 것이 있다. 이들은 스타트업에 회계나 법률 서비스를 제공해주면서 앤젤투자자 정보를 갖고 있는 경우가 많기 때문이다.

벤처캐피털 자금은 어떤 자금인가

벤처캐피털은 스타트업 기업에 투자하기 위해 설립된 전문 투자 기구를 의미한다. 벤처캐피털은 여러 투자자로부터 자금을 모집한 뒤 해당 자금을 바탕으로 수십 개의 창업 기업에 투자한다. 주요 투자 대상이 신생 기업이다 보니 투자에 실패하는 경우가 많다. 하지만 투자 대상 기업 중 소수의 기업이 크게 성공해 나머지 대부분의 실패분을 상쇄하고도 남을 것을 기대하는 것이 벤처캐피털의 수익 모델이다. 벤처캐피털은 투자자의 자금을 운용해준 대가로 일정분의 수수료를 받아 회사 운영 자금을 충당하며, 최종적으로 투자 수익의 일정 비율을 분배받는다.

이상에서 설명한 태생적 배경으로 인해 벤처캐피털 자금은 앤젤투자, 지인 투자 등에 비해 철저히 상업적인 모습을 띠는 것이 일반적이다. 초기 투자 여부를 결정할 때도 창업가와의 관계 등

정성적인 요인은 철저히 배제한 채 사업계획서의 내용과 기업 평가만을 통해 투자 여부를 결정한다. 심지어 자신들의 수익이 높아질 수 있다고 판단될 경우 CEO, CTO 등 회사 운영진의 교체를 요구하기도 하며, 회사의 중요 자산이나 사업 부문을 매각할 것을 주장하기도 한다.

또한 자신의 목표 수익을 달성하거나 목표 수익을 달성하기 어렵다고 판단하면 투자 자금을 과감히 회수한다. 회사를 안정적으로 운영해야 할 창업가의 입장에서 갑작스러운 투자 자금 회수는 커다란 어려움을 야기하는 일이다. 벤처캐피털 자금이 이처럼 상업적 성격이 짙다고 해서 신생 기업과 창업가에게 무조건 불리한 것만은 아니다. MIT에서 149개 신생 기업을 대상으로 조사한 바에 따르면, 창업가는 명망 있는 벤처캐피털의 자금을 유치하기 위해 400만 달러에 달하는 평가액을 스스로 포기하는 것으로 확인되었다. 이러한 사실은 많은 창업가에게 벤처캐피털이 나름의 이점이 있음을 확인시켜주는 대목이다.

벤처캐피털 자금이 창업가에게 가져다주는 가장 큰 이점 중 하나는 대규모 투자 자금을 지원받을 수 있다는 점이다. 창업가 본인의 자금이나 앤젤투자 자금은 일반적으로 규모가 크지 않다. 따라서 이들 자금만으로 초기 사업 규모를 구상하기 어려운 창업가라면 반드시 벤처캐피털 자금을 찾게 된다. 또 회사가 성장하는 과정에서 지속적으로 추가 자금을 수혈해야 할 경우에도 벤처캐피털은 유의미한 대안일 수 있다. 실제로 많은 벤처캐피털이 초기 투자 이후 회사가 추가로 성장하는 데 필요한 자금을 추가

지원해 더 높은 수익을 실현하곤 한다.

단순히 금전적 자금만 투자하는 벤처캐피털도 있지만, 상당수는 해당 신생 기업이 필요로 하는 추가 투자 자금을 조달하는 데도 기여한다. 즉 자신들 이외에 추가적인 외부 자금을 주선해주거나 직접 구해주기도 한다. 신생 기업을 대상으로 한 여러 설문조사에서도 많은 창업가가 벤처캐피털로부터 받은 가장 큰 도움 중 하나로 추가적인 외부 투자자를 소개해준 것을 꼽는다. 명망 있는 벤처캐피털은 신생 기업에 신용을 부여해준다. 높은 성과를 보여왔던 벤처캐피털에서 투자했다는 사실만으로 다른 기관이나 투자자들로부터 자금을 모집하기가 훨씬 수월해지기 때문이다.

벤처캐피털 자금을 도입할 경우 얻게 되는 또 다른 이점으로는 기업 경영 과정에서 체계성과 전문성이 높아진다는 점이다. 벤처캐피털은 자금을 투여하는 조건으로 회사 경영의 투명성과 체계성을 갖추기 위한 다양한 내용을 함께 요구한다. 창업가는 이 과정에서 회사 운영에 대한 다양한 부분을 학습할 수 있는 기회를 제공받는다. 벤처캐피털은 공식적인 회사 운영 못지않게 창업가와의 개인적인 관계 속에서 다양한 측면의 조언을 제공한다. 실제로 많은 창업가가 유사 분야에 투자 경험이 많은 벤처캐피털로의 조언이 회사가 성과를 내는 데 결정적으로 기여했다고 언급한 바 있다.

최근 벤처캐피털을 주도하는 또 다른 축이 하나 더 등장했다. 기업주도형 벤처캐피털(Corporate Venture Capital, CVC)이다. 기업주도형 벤처캐피털은 비금융권 기업의 자금이 벤처기업에 소액 주주

벤처캐피털 자금이 창업가에게 가져다주는 가장 큰 이점 중 하나는 큰 아이디어를 실현할 대규모 투자를 지원받을 수 있다는 점이다.

형태로 투자된 것을 말한다. CVC가 가장 활발한 미국에서는 인텔, 구글, 아마존 등의 회사가 신생 벤처기업에 적극 투자해 자신의 사업과 신생 기업의 사업이 함께 성장할 수 있는 환경을 구축하고 있다.

구글은 독립 투자 부문인 구글벤처스Google Ventures를 설립해 2009년부터 CVC 투자를 개시했고, 150개 이상 기업에 30억 달러 이상을 투자했다. 구글벤처스는 모바일과 인터넷에 중점적으로 투자하고 있지만 생명공학, 유기농 원두커피, 태양광 에너지 등 의외의 분야에 투자를 추진하기도 한다. 인텔의 경우에는 한때 26개 나라에서 CVC 지사를 운영하기도 했다. 미국 벤처캐피털협회에 따르면, 2012년 전체 투자 건수(3,715건) 중 CVC가 차지하는 비중은 15.2퍼센트(565건)로 조사된 바 있다.

CVC가 자금의 출처만 다를 뿐 여타 창업 초기 투자 자금과 별다른 차이가 없을 것이라 생각할 수 있을 것이다. 자금 출처가 달라지면 해당 자금의 성격 또한 달라진다. CVC는 벤처기업이 필요로 하는 장기 자본 공급 역할을 수행한다. 금융권에서 유입되는 자금은 사업 내용과 성장성 등 질적 요인을 고려하지 않고, 단순히 수치적인 변화 등 위험 관리 차원의 재무적 지표만으로 회수되는 경우도 많다. 하지만 비금융권 기업이 벤처기업에 투자한 CVC 자금은 해당 사업 내용에 대한 성장성, 질적 요인 등에 대한 측면도 고려하기 때문에 훨씬 위험성 높은 사업 분야에도 과감한 투자가 이루어지는 경우가 많다.

CVC 자금이 여타 창업 자금과 다른 점 중 하나는 단순히 수익

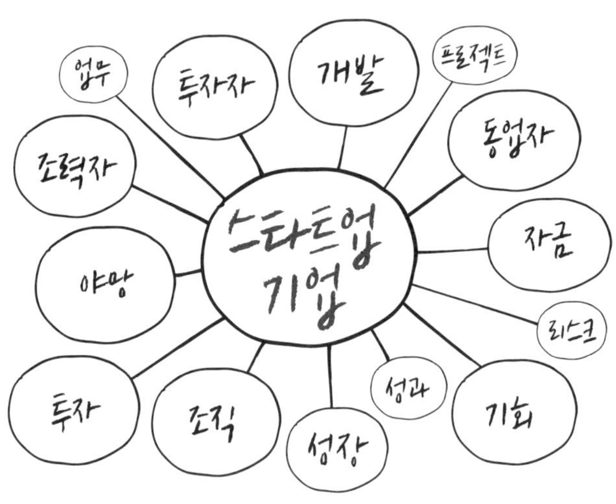

자금 투자의 한계에 부딪힌 창업가라면 CVC 자금에도 관심을 가져 투자 자금 확보의 다각화를 꾀해야 한다.

획득을 목적으로 하는 벤처캐피털과 달리 투자한 벤처기업이나 스타트업 기업과의 중장기적인 관계 형성에도 관심이 많다는 점이다.

CVC 투자가 이루어지는 요인 중에는 피투자 기업에서 시도하는 제품 또는 서비스가 투자 기업 자신의 사업에도 필요한 사안인 경우가 많다. 즉 구글이나 아마존 같은 IT 기업이 소프트웨어 개발 회사나 모바일 앱 개발 회사에 투자하고, 해당 회사를 통해 자사의 서비스를 연동해 제공하는 사례가 많다. CVC의 투자 자금이 금전적인 이익뿐만 아니라 사업적인 관계 형성에도 관심이 많기 때문이다. CVC 활동으로 인해 투자한 회사의 역동적인 혁신성이 투자 회사로 전달되어 투자 회사의 혁신성이 높아지는 장점 또한 거대 기업이 CVC 활동에 관심을 두는 이유다.

우리나라에서도 해외 사례만큼 규모가 크지는 않지만, 삼성을 비롯해 한화, CJ 등 30여 개 이상의 기업이 CVC 사업을 수행 중이다. 이들 기업 역시 해외 사례와 동일한 목적 아래 여타 창업 자금과는 성격이 다른 자금을 지원하고 있다. 지금 기존 금융권의 투자 자금 이외에 새로운 대안이 필요하다면, CVC 자금에도 관심을 가져볼 만하다.

벤처기업 지원사업에 주목하라

우리는 흔히 스타트업 기업들을 벤처기업이라고 부른다. 청년이 창업하면 벤처기업이고, 중장년층이 창업하면 소상공인으로 구분되는 것으로 아는 사람도 더러 있다. 하지만 벤처기업이라는 용어는 이처럼 모호한 개념이 아니라 법적으로 내용이 정확히 규정되어 있는 개념이다. 하지만 우리나라의 경우 벤처기업으로 인정받기 위해서는 벤처확인제도에 의해 법률에 정해진 요건을 갖춰야 한다.

외국의 경우에는 일반적으로 앤젤투자나 벤처캐피털 같은 위험 선호 투자 자금을 활용해 고위험·고수익을 추구하는 기업 형태를 벤처기업으로 지칭한다. 다시 말해 법률적인 규정이 아닌 사회 통념에 따른 규정이다. 하지만 우리나라의 경우 외국과 달리 벤처기업을 법률에 의거해 규정한다.

이렇게 된 배경은 열악한 벤처 창업 환경 때문이다. 1990년대 후반 벤처기업을 육성할 금융 환경이 부재한 상황에서 선도적으로 육성할 벤처기업을 선별해 이들에게 정책적으로 금전적인 혜택을 제공할 필요성이 제기됐다. 이 과정에서 탄생한 것이 벤처확인제도다.

국내에서 벤처기업으로 인정받기 위해서는 다음 항목 중 하나에 해당해야 한다. 가장 먼저 벤처투자기관으로부터 투자받은 금액이 5,000만 원 이상이면서 해당 금액이 전체 자본금의 10퍼센트 이상이어야 한다. 여기서 말하는 벤처투자기관이란 기업은행, 일반 은행, 사모투자 전문회사, 중소기업 창업투자회사나 조합 등을 지칭한다.

또 다른 경로로는 창업한 지 3년 이상 된 기업 중에서 직전 4분기 동안 연간 연구개발비를 5,000만 원 이상 지출했고, 지출한 연구개발비가 연간 매출액 5~10퍼센트 이상인 기업, 창업한 지 3년 미만인 기업의 경우에는 직전 4분기 동안 연간 연구개발비를 5,000만 원 이상 지출한 기업이 벤처기업으로 인정받을 수 있다.

이외에도 기술보증기금 또는 중소기업진흥공단 등으로부터 회사가 보유한 기술성이 우수하다고 평가받아 벤처기업으로 인증받을 수도 있다. 이상에서 열거한 방식으로 벤처기업 지위를 획득했다고 해서 지속적으로 해당 지위가 유지되는 것은 아니다. 현재 벤처 확인 유효기간은 2년으로, 2년이 경과한 뒤에도 벤처기업 지위를 유지하기 위해서는 재확인 절차를 거쳐야 한다.

이상에서 열거한 까다로운 조항을 모두 완비해 벤처기업으로 인증받은 회사는 벤처인 자료를 기준으로 2만 개 이상에 달한다. 이처럼 적지 않은 기업이 벤처기업으로 인증받고자 하는 이유는 다양한 정책 지원을 받을 수 있기 때문이다. 벤처기업으로 등록된 기업은 연기금을 활용한 투자가 가능하고, 산업은행과 기업은행의 주식 취득 제한 대상에서 배제된다. 기술보증기금을 통한 신용보증 심사에서도 우선순위를 부여받는다.

벤처기업에게 단순 금전적 지원 이외에도 병역특례, 소득세, 지방세 감면 등과 같은 세제 혜택, 코스닥 상장심사 우대, 방송광고비 감면 등 다양한 지원책을 제공한다. 현재 많은 예비 창업가나 스타트업 회사가 이러한 지원 혜택을 받고자 벤처기업 인증에 관심을 보인다. 만약 벤처기업 인증 절차에 관심이 있으나 세부적인 방법을 모른다면 이러한 업무를 전문적으로 대행해주는 컨설팅 회사의 도움을 받는 것도 고려해보기를 권한다.

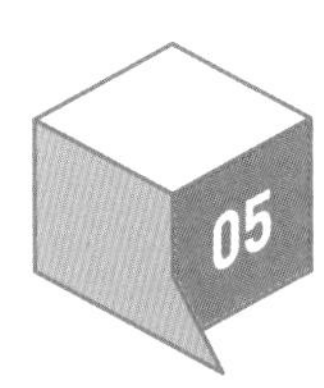

벤처기업의 목적은 이노비즈 기업인가

벤처기업에서 일정 수준 이상 성장할 경우 이노비즈InnoBiz 기업으로 분류된다. 이노비즈란 혁신Innovation과 기업Business 두 단어의 합성어로, 기술 경쟁력을 확보했거나 혁신 기술을 보유하고 있어 기술 우위를 기반으로 사업을 수행하고자 하는 기술혁신형 중소기업을 의미한다. 기술혁신형 중소기업에 대한 공통된 기준은 없지만, 대부분의 OECD 국가는 자국 내 특수성 등을 고려해 나름의 기준을 설정하고 이들 기업을 지원하기 위한 다양한 제도를 시행 중이다.

우리 정부에서도 기술 경쟁력과 미래 성장 가능성을 갖춘 이노비즈 기업에 기술, 자금, 판로 등을 연계 지원해 국제 경쟁력 있는 우수 기업으로 육성하고 있다. 중소기업기술혁신촉진법에 근거해 2단계 평가를 통과한 기업을 이노비즈 기업으로 선정해 기

이노비즈 기업은 기술 경쟁력을 확보했거나 혁신 기술을 보유하고 있어 기술 우위를 기반으로 사업을 수행하고자 하는 기술혁신형 중소기업이다.

술혁신 기업으로 집중 육성하는 것이다. 이노비즈 기업으로 인증받기 위해서는 업력이 3년 이상인 중소기업이 이노비즈 홈페이지에 접속해 온라인 자가진단을 통해 650점 이상 점수를 보유했음을 확인해야 한다.

이러한 조건을 만족시킨 기업은 기술보증기금의 현장 평가에서 700점 이상을 받을 경우 이노비즈 기업으로 인증받을 수 있다. 물론 이 과정에서 획득한 점수에 따라 등급(900점 이상 AAA, 900~800점 AA, 800~700점 A)이 차등 부여된다. 일련의 절차를 거쳐 이노비즈 기업으로 선정될 경우 금융, R&D, 수출 지원 등 다양한 분야에서 정책 지원을 받을 수 있다.

먼저 금융 및 세제 지원 내용부터 살펴보면, 국내 주요 시중 은행으로부터 대출 시 우대 금리를 적용받을 수 있다. 세제 부문에서도 수도권 취득세 중과세를 면제받을 수 있다.

일자리 창출 기업일 경우 정기 세무조사를 최대 7년간 유예받을 수 있다. 기술보증기금으로부터 기술평가보증으로 최대 100퍼센트까지 보증 지원을 받을 수 있으며, 보증 한도도 일반 기업보다 최대 20억 원까지 확대된다. 수출 지원 부분에서도 무역보증 보험료 20퍼센트 할인, 해외 전시 비용, 수출품 생산 비용, 해외 규격 인증마크 획득 비용 등을 지원받을 수 있다. 이 밖에도 조달청 물품구매적격심사, 병무청 병역지정업체심사, 특허출원심사시 우대 혜택도 주어진다.

이노비즈 기업으로 인증받을 경우, 이상에서 열거한 정책 지원 내용보다는 이노비즈 기업이라는 시장의 신뢰가 더욱 큰 혜택이라고 할 수 있다. 그것은 현재 코스닥 상장기업의 절반 이상이 이노비즈 출신이며, 월드클래스 300, 세계일류상품선정기업, 히든챔피언 기업의 절반 이상이 이노비즈 출신이기 때문이다. 2017년 벤처기업정밀실태조사 보고서에 따르면, 벤처기업이 보유한 인증제도 유형별 현황은 벤처 확인 인증만을 받은 기업이 61.4퍼센트, 벤처 확인에 이노비즈를 함께 받은 기업이 31.1퍼센트다. 즉 이노비즈는 벤처기업 인증을 받은 기업의 다음 목표라 할 수 있다. 만약 지금 창업 후 직원을 독려하기 위한 비전이나 목표 설정이 부족한 기업이 있다면 이노비즈 기업 인증을 추가로 획득하는 것도 방법이다.

7장

기술, 어떻게 이해해야 할까

핵심역량을
어디에서 찾아야 하는가

신규 진입 기업은 기존 기업보다 혁신에 더 적극적인 태도를 보인다. 이는 지극히 자연스러운 현상이다. 기존에 자리매김한 기업은 현재 자사에 막대한 수익을 가져다주는 기존 사업을 포기하고 신기술을 도입할 때 치러야 할 기회비용이 크다. 따라서 기존 기업이 신사업을 수행하기 위해서는 현재 수행 중인 사업을 일정 부분 줄여야 할 때가 많다. 또 기존 수익 이상의 수익을 기대하기 때문에 신사업 시도가 그만큼 용이하지 않다.

하지만 스타트업은 다르다. 스타트업의 경우에는 신기술을 도입함으로써 포기해야 할 기존 설비 투자나 인력 규모가 크지 않고, 오히려 신기술을 통해 시장 진입에 성공할 경우 얻는 신규 수익이 크다. 신규 기업 입장에서는 오히려 혁신 기술을 도입하지 않을 때 포기해야 할 기회비용이 더 클 수 있다. 그렇기 때문에 혁신기업은 신규 기술 도입에 더 적극적인 태도를 보일 수 있다.

신규 창업 기업을 마주할 때마다 많은 창업가에게 본인이 설립한 기업의 핵심역량Core competence이 무엇인지 묻곤 한다. 물론 그때마다 다른 대답이 돌아오곤 했다. 핵심역량은 업종 특성과 회사 내부 상황에 따라 당연히 달라질 수밖에 없다. 그럼에도 많은 창업가가 핵심역량을 오해하고 있다는 인상을 지울 수 없다.

기업 고유의 자산, 핵심역량

핵심역량이란 고객에게 남다른 가치를 전달해줄 수 있는, 경쟁사가 갖지 못한 기업 고유의 자산 정도로 정의할 수 있다. 즉 타사가 쉽게 모방할 수 없는 독점적 지위 또는 차별적 지위, 경쟁사보다 싼 제품, 경쟁사보다 뛰어난 디자인, 빠른 배송 등 다양한 요인이 핵심역량일 수 있다.

이러한 핵심역량은 창업의 성패를 결정하는 주요 요인일 뿐 아니라 향후 회사 성장 여부와 성장 방향성에도 커다란 영향을 미친다. 또 핵심역량은 한번 자리 잡히면 거의 바뀌지 않는다. 이 때문에 창업 초기에 많은 기업이 자사의 핵심역량을 어디에 두어야 하는지 고민하는 것이다. 그런데 많은 창업가의 생각과 달리 핵심역량은 창업가가 정한다고 해서 그대로 실현되는 것이 아니다. 경쟁사 상황과 고객 요구에 따라 재수정되거나 조정되는 경우가 많다.

한 중소기업에서 만든 중저가 태블릿 PC는 당초 사무기기로 크게 활용될 것으로 기대했다. 하지만 정작 가장 큰 소비층은 중고등학생을 비롯한 수험생이었다. 대기업 태블릿 PC보다 성능이 떨어져 게임을 하기 어려운 중저가 태블릿 PC를 교육용으로 사용한 것이다. 기술 우위를 핵심역량으로 삼아 연구개발을 수행해 온 스타트업이라 하더라도 경쟁사가 더 우월한 제품을 출시할 경우 상황은 전혀 달라지는 것이다.

핵심역량에 대한 또 다른 오해 중 하나로 특허 자체를 핵심역량으로 꼽는 것을 들 수 있다. 물론 특허가 핵심역량을 확보하는 중요한 밑천일 수 있다. 하지만 사업 트렌드와 기술이 급변하는 분야에서는 특허권보다 내부 기술력 보유 여부에 주안점을 둬야 한다. 내부 기술력을 보유하지 않은 기업일지라도 일회성 특허 출원이나 특허를 외부로부터 구매해 이용할 수 있다.

이렇게 할 경우 변화하는 환경 속에서 지속적으로 대처할 수 있는 핵심역량을 확보했다고 보기 어렵다. 사업 규모가 커짐에 따라 자연스럽게 소멸되는 핵심역량도 있다. 고객 요구에 민첩하게 대응할 수 있는 역량을 핵심역량으로 삼은 기업이 대표적이다. 사업 규모가 작을 때는 한정된 고객을 대상으로 빈번한 대면 접촉을 통해 밀도 높은 서비스를 구현할 수 있다. 하지만 사업 규모가 커질 경우 이 같은 세밀한 대응이 점차 어려워질 수 있다. 그렇게 되면 자연스럽게 핵심역량도 사라지게 된다.

시장에 가장 먼저 진입했다는 사실을 핵심역량으로 내세우는 스타트업도 있는데, 이 역시 핵심역량일 수 없다. 가장 먼저 시장을 형성했더라도 해당 시장에서 지속적으로 살아남을 수 없다면, 이후 후발주자에 밀려 소멸되기 십상이다. 핵심역량은 시장을 가장 먼저 알아본 혜안이 아니라 해당 시장에서 살아남을 수 있는 무기가 무엇인지에 달린 것이다.

핵심역량은 기업의 마지막 보루이자 기업의 가장 중요한 자산이라 할 수 있다. 또 외부 투자자를 유치하거나 기업을 매각할 때 해당 기업의 가치를 결정하는 가장 중요한 근거이기도 하다.

새로운 기술과 디자인에 근거한 창업

이처럼 중요한 핵심역량을 많은 창업가가 '기술'과 '디자인'에서 찾는 듯하다. 자신이 고안한 제품의 기술력이 우수하다든가 디자인이 탁월하다는 등 자신감이 있기 때문에 창업을 결심한 것이다. 주의할 점은 '기술력에 근거한 창업'과 '디자인에 근거한 창업'은 전혀 다른 상황에 처한다는 점이다.

기술을 기반으로 한 창업은 제품 출시까지 상당한 시간과 비용이 소요된다. 일례로 신약을 하나 개발하는 데는 평균 16년이 소요된다. 해당 기간 동안 평균 8억 달러 수준의 개발 비용이 투여된다. 온라인 게임 개발 역시 평균 200억~300억 원 정도가 들어간다. 개발 기간도 4년에서 길게는 10년 가까이 걸리는 경우도 있다. 물론 이러한 사례는 개발 기간과 비용이 많이 소요되는 산업군에 해당된다. 분명한 것은 기술 개발에는 통상적으로 디자인보다 높은 연구개발 비용과 긴 시간이 소요된다는 사실이다. 기술 기반 창업을 준비하는 사람은 이 점을 인지할 필요가 있다.

기술 개발이 완료됐다고 모든 것이 끝난 것은 아니다. 기술 기반 창업은 특허출원뿐만 아니라 실제 상황에서의 시운전이 무엇보다 중요하다. 자신이 개발한 기술과 제품이 실제 상황에서 원활히 작동하는지 확인해야 한다. 한때 잘나가던 신생 운동화 회사는 세탁 과정에서 운동화 색이 빠지는 결정적 실수를 범했다. 호평받던 MP3 플레이어 개발 회사 역시 영하의 추운 날씨에는 기기가 작동하지 않아 소비자로부터 결국 외면당한 바 있다. 사소한 부분을 놓쳐 돌이킬 수 없는 결과를 초래할 수 있기에 개발 기간 못지않게 상당 기간의 시운전이 필요하다.

많은 시간과 비용을 투여해 기술을 개발할 것이 아니라 이미 시장에 존재하는 기술을 적절히 조합해 신제품을 만드는 것이 훨씬 수월하다 생각하기 쉽다. 하지만 이러한 방식 또한 적지 않은 시간과 비용이 소요되기는 마찬가지다. 예를 들어 스마트폰 하나 만드는 데 사용되는 특허는 7만여 건에 달한다. 이들 기술을 어떻게 조합할 때 최고의 성능을 보이는지 확인하는 데도 상당한 시간이 소요된다. 실제 생산 과정에서도 각각의 특허 보유 회사로부터 부품을 구매하거나 로열티를 지불해 특허를 활용하기까지 수차례 협상해야 한다. 당연히 상당한 시간과 비용이 소요된다.

디자인 기반 창업은 다르다. 디자인 개발은 기술 개발과 달리 다양한 연구 기기와 설비가 필요하지 않다. 디자인의 개발 시간 역시 편차가 크다. 오랜 고민과 노력 끝에 나온 디자인 결과물이 커다란 성과를 가져다주기도 하지만, 때로는 순간적 직관에 의해 탄생한 디자인이 큰 반향을 일으키기도 한다. 디자인이 기술에 비해 결과물을 도출하는 데 투여되는 비용과 시간이 적다고 해서 부가가치가 낮은 것은 아니다.

2010년 기준 세계 콘텐츠 시장 규모는 1조 5,300억 달러로, 같은 해 자동차 시장 규모 7,900억 달러보다 많다. 월트디즈니는 미키마우스 캐릭터 하나만으로도 연간 6조 원에 가까운 수익을 거둔다. 디자인 역량을 기반으로 한 창업은 흔히 말하는 짝퉁 제품을 주의해야 한다. 디자인은 기술에 비해 지식재산권으로 쉽게 보호받기 어렵다. 완전히 똑같지 않은 이상 자신의 작품과 어느 정도 비슷하다고 해서 함부로 지식재산권 침해를 주장하기 쉽지 않기 때문이다.

많은 창업가가 기술 또는 디자인을 통해 남다른 부가가치를 창출하기 위해 혹독한 시련을 감내한다. 디자인 기반 기업과 기술 기반 기업에는 상이한 특성이 있다. 하지만 이 둘을 적절히 섞어 활용할 경우 더욱 높은 성과를 달성할 수 있다. 이러한 사실을 가장 잘 대표하는 사례를 인텔이 만들어냈다.

최근에는 자신이 직접 연구하는 분야가 아닐 경우 관련 분야 전문가들도 어떠한 내용인지 정확히 이해하기 어려울 정도로 기술 수준이 고도화, 전문화되고 있다. 이러한 상황에서 많은 기업이 자사가 보유한 제품의 기술 우위 요소를 일반 고객들에게 어떻게 설명해야 할지 더 깊이 고민한다.

브랜드를 활용한 인텔에서 배워라

대표적인 기술 기반 기업인 인텔 역시 이러한 상황에 직면해 있었다. 인텔은 8086 마이크로프로세서 칩을 개발해 IBM이 만든 최초의 PC에 이를 장착했다. 이후부터 인텔은 보다 개선된 칩들을 연이어 개발했고(1982년에 286, 1985년에 386, 1989년에 486), 이로 인해 개인용 컴퓨터 산업의 표준으로 자리매김할 수 있었다.

하지만 인텔은 1991년 초 경쟁자들의 맹추격에 고전하게 된다. 경쟁 기업들이 인텔 제품의 '복제품'에 인텔과 유사한 브랜드를 붙여 마치 인텔이 개발한 마이크로프로세서 칩인 듯 판매하기 시작한 것이다. 많은 고객은 중앙연산장치에 대한 정확한 이해가 없어 인텔의 제품과 유사품의 칩셋에 어떤 차이가 있는지 정확히 이해하지 못했으며, 그로 인해 많은 고객이 여타 경쟁사의 제품을 구매하기 시작했다.

이러한 상황에서 인텔이 선택한 해결책은 디자인을 활용하는 것이었다. 그들은 제품의 설명서나 브로슈어를 통해 자사의 제품이 타사에 비해 얼마나 우수한지 설명하는 방법은 의미가 없다고 판단했다. 제품 설명서나 브로슈어는 사람들이 버리기 일쑤이며, 기술력의 차이를 자세히 기술한다 하더라도 처음 샀을 당시에만 대강 읽어보거나 아예 읽지 않는 경우도 많기 때문이다. 물론 읽어본다 한들 그 내용을 이해하기도 여간 어렵지 않았을 것이다.

결국 인텔은 보이지 않는 컴퓨터 내부에 위치한 자사의 부품을 광고하는 가장 효과적인 장소는 고객들이 항상 쳐다보는 컴퓨터 외부 본체이며, 기술의 차이를 시각적으로 전달하는 것이 가장 용이한 방식이라는 결론에 이른다. 물론 이런 의사결정을 내리기까지 인텔 내부에서 적지 않은 갈등이 있었다. 브랜딩 프로그램에 따르는 엄청난 액수의 예산을 차라리 연구개발 비용으로 사용하는 게 더 바람직한 것은 아닌지, 또 B2B 사업 위주인 인텔

인텔은 전문적이고 기술적인 설명을 대신하는 하나의 브랜드 전략을 통해 CPU 시장의 최강자가 되었다.

같은 기업에 브랜드 구축이 정말로 필요한 것인지 등에 대한 논란이 끊임없이 제기되었다.

인텔은 1991년 봄, 1억 달러라는 막대한 예산을 들여 야심 찬 브랜딩 프로그램인 '인텔 인사이드Intel Inside' 개발에 착수했다. 초반의 우려와 달리 이 프로젝트는 비교적 단기간에 믿을 수 없을 정도로 성공을 거두었고, 이로 인해 인텔 인사이드 로고가 전 세계적으로 알려지게 되었다. 컴퓨터를 구매하는 사람들은 인텔 CPU의 성능이 경쟁사와 얼마나 차이가 나는지 정확히 모르지만 'Intel Inside', 즉 인텔 칩이 안에 있다는 로고만 보고 컴퓨터를 구매하기 시작했다. 마치 이 로고는 "타사보다 경쟁 우위에 있는 인텔 제품이 본 컴퓨터 내부에 탑재되어 있음을 여러분도 아셔야 합니다"라는 식으로 이해되었을 것이다. 이제 컴퓨터를 구매할 때 인텔 칩이 탑재되어 있는지 확인하는 것은 필수 코스가 되었다.

우리 인간은 무언가를 판단할 때 시각에 의존하는 비율이 90퍼센트 이상이라고 한다. 이러한 점에서 복잡하고 난해하며 전문적이고 기술적인 요소들을 단번에 설명하는 방법을 시각적인 로고에서 찾은 인텔의 전략은 당연히 성공으로 이어졌다. 지금 자사의 기술력을 고객에게 인식시키기 어려워하는 기업이 있다면, 인텔과 같은 전략을 구현해볼 것을 권하고 싶다.

인텔은 자사 제품의 진화 과정 또한 브랜드를 통해서 소비자들에게 인식시켰다. 이전의 기술 기반 기업들은 자사의 제품이 기존 제품에 비해 얼마나 개선되었는지를 설명하기 위해 깨알 같은 글씨로 설명서를 가득 채우기 일쑤였다. 하지만 인텔은 자사 제품의 로고를 숫자와 문자가 결합된 일련의 시리즈물로 기획하여 해당 숫자나 문자 등을 변경해 이전에 비해 개선된 제품이 출시되었음을 쉽게 인식시켰다. 그들은 알았던 것이다. 소비자들은 이전보다 개선된 제품을 원하는 것이지, 구체적으로 얼마나 더 개선된 제품인지는 중요시하지 않는다는 점을 말이다.

이렇게 탄생한 것이 펜티엄 브랜드다. 인텔은 펜티엄 II, 펜티엄 III, 펜티엄 IV 등과 같이 연속된 단어와 숫자를 조합해 각각의 제품이 이전 제품 또는 신규 출시된 제품 속에서 어떠한 기술력을 갖고 있는지를 서수적으로 제시했다. 이를 통해 고객들은 복잡한 CPU의 성능을 단순 명쾌하게 인식할 수 있었다.

인텔은 로고를 기술 진보를 표시하는 데에만 이용하지는 않았다. 반대로 보다 성능이 떨어지는 부품이라는 사실을 알리는 데도 이를 활용했다. 1990년대 후반은 PC 시장이 성숙기에 진입함에 따라 고급 마이크로프로세서 사업 영역에서 새로운 시장이 등장했다. 많은 소비자들이 단순한 워드 작업과 인터넷을 주로 활용하기 위해 고가의 CPU가 탑재된 고가의 PC를 살 필요가 없다는 사실을 알고 있었다. 저가 컴퓨터 시장이 형성된 것이다. 이 신규 시장에서 인텔의 경쟁자들은 경쟁적인 가격 인하 전략과 새로운 틈새시장을 개발해 적지 않은 성과를 거두었다.

이러한 상황에서 인텔도 저가 시장을 무시할 수만은 없었다. 하지만 엄청난 비용과 오랜 시간을 들여 구축한 자사의 기술 우위 프리미엄 브랜드인 펜티엄을 저가 시장에 활용할 수도 없는 노릇이었다. 이러한 상황에서 인텔은 펜티엄과 직접적으로 아무런 관련성이 없는 인텔 셀러론Celeron이라는 독립된 브랜드를 출시했다.

셀러론이라는 로고를 통해 많은 소비자는 인텔이 펜티엄과는 달리 저가 PC를 선호하는 소비자들을 위해 적정 수준의 CPU로 개발한 제품이라는 사실을 쉽게 이해할 수 있었다. 가장 먼저 셀러론은 인텔이 출시한 펜티엄 시리즈와는 이름부터 달랐기 때문에 이 제품은 다른 식으로 인식해야 한다는 사실을 고객들은 쉽게 이해할 수 있었다. 따라서 셀러론이라는 신규 브랜드를 목격한 고객들은 매장 직원이나 관계자들을 통해서 셀러론이라는 신규 브랜드가 무엇인지 확인하게 된다. 사실 굳이 매장 직원의 도움이 없어도 쉽게 짐작할 수 있다. 셀러론은 발음이나 억양에 있어 펜티엄보다 약하게 발음된다. 이로 인해 많은 고객들이 해당 CPU는 저성능의 실용적인 CPU라는 사실을 쉽게 짐작할 수 있었다.

기술은 점차 난해해진다. 또한 비슷한 목적을 달성하기 위해 다양한 기술이 동시에 개발되고 있다. 이러한 상황에서 자신이 개발한 기술의 훌륭함을 설명하기 위해 깨알 같은 설명서를 작성 중인 창업가가 있다면 인텔의 전략을 주목하라.

특허를 맹신해서는 안 되는 이유

많은 스타트업 CEO들이 회사 소개 또는 홍보 과정에서 가장 먼저 언급하는 내용 중 하나가 특허를 보유하고 있다는 것이다. 아직 별다른 매출이나 이익을 달성하지 못한 상황에서 자신들의 남다른 아이디어가 공식적으로 인정받은 결과물인 특허야말로 잠재성을 가장 손쉽게 확인시켜줄 수 있는 요소라고 판단해서다. 물론 특허는 과소평가해서는 안 될 중요한 결과물이다. 실효성 높은 아이디어라 하더라도 특허 등을 통해 보호받지 못할 경우, 손쉽게 모방 제품이 등장해 아무런 성과도 얻지 못한 채 사업을 접는 경우도 많다. 또 특허를 보유할 경우 직접 사업을 수행하지 않더라도 특허를 빌려주는 행위만으로도 적지 않은 이익을 창출할 수 있다.

이처럼 특허는 중요한 결실임은 분명하지만 특허를 과신해서는 안 된다. 특허 중에는 시장성이 있는 특허보다 시장성이 없는 특허가 더 많기 때문이다. 특허청 발표에 따르면 등록된 특허 중 약 70퍼센트 이상이 사업화되지 못하고 있다. 즉 특허권은 독점적인 지위를 가져다주었을 뿐, 해당 특허를 활용해 독점적 지위를 누리는 기업을 꾸려나가는 것은 전혀 다른 차원의 이야기다.

특허를 맹신해서는 안 되는 이유는 더 있다. 어떤 특허가 시장성이 있어 해당 특허 보유자에게 초과 이윤을 가져다준다는 사실이 시장에 알려지면 많은 경쟁자들이 해당 특허를 침해하지는 않는 방식으로 유사한 제품이나 서비스를 생산하는 방법을 찾아낼 것이기 때문이다. 그리고 이들 경쟁 업체의 대응 속도는 우리가 생각한 것보다 훨씬 빠르다.

IBM의 특허 분쟁

IBM은 1960년대 후반 대형 컴퓨터 분야에서 독점적인 지위를 누리고 있었다. 이에 미국 법무부는 IBM이 부당한 독점 행위를 한다고 판단해 IBM을 제소하기로 결정한다. 하지만 이 사건에 대한 법적 결론은 쉽게 나지 않았고, 공방은 10년 이상 지속되었다. 그런데 미국 법무부는 1982년 별다른 법률 판결 없이 돌연 소를 취하했다. 이유는 법적 공방이 진행되는 기간 동안 IBM이 더 이상 독점적 지위를 누리지 못하는 상황으로 변했기 때문이다.

법무부가 소를 처음 제기하던 시점에는 시장에 대형 컴퓨터만 존재했다. 그러나 이를 통해 IBM이 거두는 막대한 수익을 지켜보던 다른 기업들이 이를 대체할 수 있는 다양한 컴퓨터를 개발하기 시작했고, 급기야 소형 컴퓨터와 개인용 컴퓨터까지 등장했다. 이로 인해 컴퓨터 시장은 새로운 양상을 띠게 되었다. 1980년대에 이르러서는 대형 컴퓨터를 살 여유가 없던 중소기업도 소형 컴퓨터를 구매할 수 있게 되었고, 기존 대형 컴퓨터 고객도 소형 컴퓨터 시장으로 급격히 이탈했다. 이 과정에서 IBM의 시장 점유율은 급격히 떨어졌고, 신규 진입 기업이 늘어나면서 이윤율 또한 급격히 떨어졌다. 당시 일부 칼럼니스트는 IBM이 대형 컴퓨터에서 독점적 지위를 누리며 얻은 이득보다 미국 법무부가 장기간 소송을 준비하는 과정에서 지출한 비용이 더 클 거라고 비아냥거리기도 했다. 이는 특허라는 진입장벽이 우리 예상만큼 지속적인 효과를 가져다주지 않는다는 사실을 확인시켜준다.

어쩌다 시장성 있는 특허를 출원해 선도 기업의 지위를 얻게 되었다 하더라도 시장 우위를 속단하기는 어렵다. 흔히 선도 기업은 전략적 우위를 가질 것이라고 생각하기 쉬우나 이에 대해서도 남다른 관점을 제시한 연구 결과가 있다. 저명한 경영학자인 제러드 텔리스Gerard Tellis와 피터 골드Peter Golder는 2002년 선도 기업이었던 66개 제조 회사를 대상으로 조사를 수행했다. 그들은 이들 66개 선도 기업 중 60개가 후발 기업에 의해 지위를 잃었다는 사실을 확인했다. 심지어 어떤 분야에서는 최초 선발자가 아예 시장 점유율조차 얻지 못한 경우도 많았다. 클레이튼 크리스텐슨Clayton M. Christensen 교수는 이러한 현상을 혁신자의 딜레마innovator's dilemma라 칭했다.

하지만 분명한 사실은 기업 가치를 결정할 때 특허와 같은 지식재산권이 차지하는 비중이 나날이 증가한다는 것이다. 미국의 경우 상장 500대 기업 시장가치에서 무형자산이 차지하는 비중은 1980년대에는 30퍼센트 수준에 불과했지만 2000년에 들어 80퍼센트 이상으로 급증했다. 여기서 말하는 무형자산 중 40퍼센트 이상이 특허와 같은 지식재산권이다. 현재 미국 500대 상장 기업의 시장가치 중 32퍼센트 이상이 특허와 같은 지식재산권 가치로 구성돼 있다. 이에 따라 스타트업에도 지식재산권이 중요한 문제로 대두됐다.

특허는 출원만큼 관리가 중요하다

많은 스타트업에 지식재산권이란 자사의 가치를 높이는 수단이기보다는 골칫거리인 경우가 많다. 대부분 지식재산권을 관리할 별도의 조직도 없으며, 변호사나 변리사 등을 고용할 자금 여

기업 가치를 결정함에 있어 특허와 같은 지식재산권이 차지하는 비중은 나날이 늘고 있다.

력을 갖추지 못했기 때문이다. 이런 상황에서 1~2년 시간을 투여해 어렵게 기술 개발에 성공했다 하더라도 해당 기술을 통해 아직 의미 있는 수준의 금전적 이득을 거두지 못한 상태에서 특허를 출원하고 관리하는 데 적지 않은 비용을 지불해야 하는 상황은 스타트업에는 벅차다.

지식재산권은 출원하는 데도 적지 않은 시간과 비용이 소요되지만, 이를 온전히 활용하는 데도 적지 않은 비용이 든다. 예를 들어, 자사 기술을 도용한 것으로 보이는 회사가 확인되었다고 하자. 이럴 경우 해당 회사를 상대로 소송을 걸어야 하는데, 통상적으로 소송 기간만 2~3년 정도 소요되며, 소송 과정에서도 적지 않은 비용을 지불해야 한다. 소송 상대방이 특허 소송 대응력이 높은 대기업이나 다국적 기업일 경우에는 소송에서 이기기도 어려운 것이 사실이다.

이런 상황을 우려한 일부 스타트업은 자사가 획득한 지식재산권을 매각하거나 타사에 이용권을 부여하고 수익을 거두는 전략을 추구하기도 한다. 하지만 이 역시 쉽지 않은 상황이다. 일단 관심 있는 기업을 찾기도 어려울 뿐만 아니라 어렵게 찾았다 하더라도 해당 기업과 협상해 계약을 성사시키기도 어렵다.

스타트업이 지식재산권과 관련해서 직면하게 되는 이런 어려움을 줄여주는 다양한 지원책이 있다. 먼저 기술보증기금과 신용보증기금은 중소기업이 보유한 특허에 대한 기술가치 평가 내용을 바탕으로 보증을 서준다. 보증 내용을 기반으로 은행으로부터 유리한 조건으로 대출받을 수 있는 기회를 제공해주는 것이다.

지식재산을 이전하려는 기업에는 필요한 자금을 보증해준다. 중소기업진흥공단 역시 중소기업을 대상으로 한 지식재산권 지원 프로그램을 제공하는 대표적인 기관이다. 특허 등 지식재산권을 활용해 제품을 생산하는 데 필요한 생산 설비, 시험검사 장비, 원자재 구입 비용 등을 제공한다. 이 밖에 산업은행, 기업은행과 같은 국책은행은 지식재산권의 가치를 평가해 대출을 해주는 부서를 운용한다.

2013년 우리나라는 GDP 대비 지식재산권 출원 건수 기준으로 세계 1위였고, 인구 100만 명당 특허출원 건수 역시 세계 1위였다. 그야말로 세계적인 특허 강국 중 하나다. 하지만 연간 20만 건의 출원 특허에 대한 활용도는 미국의 3분의 1 수준에 지나지 않으며, 공공기관당 기술 창업 수는 미국이 3.8건, EU가 1.9건인데 비해 0.6건 수준에 불과한 것으로 나타났다. 보유 특허의 수에 비해 활용도가 떨어지는 상황을 개선하기 위해서는 활용도가 높은 지식재산권을 출원하는 노력도 중요하지만 출원한 특허를 적극적으로 활용하려는 자세도 중요하다.

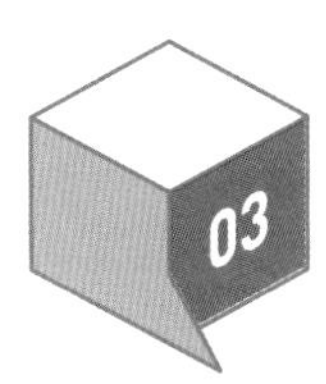

특허만큼 중요한 것이 비즈니스 모델이다

예비 창업가 대부분은 아이디어 구상, 아이디어 기술화에 몰입하는 경우가 많다. 하지만 자신의 기술이나 아이디어를 어떠한 비즈니스 모델로 구현할지는 크게 고민하지 않는다.

적절한 비즈니스 모델을 갖춘 기업은 동일한 제품이라도 고객에게 경쟁사보다 쉽게 판매할 수 있는 기회를 만들거나 고객의 후속 구매를 쉽게 유도할 수도 있다. 그뿐 아니라 보다 저렴하게 서비스를 제공하거나 같은 물건을 판매하더라도 더 높은 수익을 실현할 수 있다. 비즈니스 모델의 중요성을 이해하기 위해 상호 비교가 용이한 가격 지불 및 책정 방법을 예로 들어보자.

일반적으로 제품 생산 비용에 자신이 받고자 하는 적정 이윤을 더한 금액을 가격으로 책정하는 원가 기준Cost Plus 방식을 많이 쓴다. 스트리밍 방식으로 음원을 제공하는 회사가 있다면, 고객에게 음원 하나를 제공할 때마다 비용에 이윤을 얹어 가격을 부과할 것이다. 이러한 방식을 따르면, 회사 입장에서는 안정적으로 운영비를 확보할 수 있지만 고객은 음원을 들을 때마다 몇 원 수준의 금액을 지불해야 한다. 하지만 음원을 들을 때마다 돈을 지불한다는 생각 때문에 해당 서비스에 불편함을 느낄 수 있다.

이와 달리 일정 기간 동안 마음대로 이용하도록 하고 사용료를 부과하는 방식이 있다. 대부분의 음원 서비스는 월 이용료, 연간 이용료를 부과하고 해당 기간 동안 마음대로 이용할 수 있도록 서비스한다. 이러한 방식은 연간 또는 다기간 계약 방식으로 고객 이탈을 방지할 수는 있지만, 해당 기간 동안 발생할 고객의 사용량을 가늠하기 어렵다는 단점이 있다. 하지만 초기에 유의미한 수준의 현금을 확보할 수 있다는 장점이 있다.

음원 서비스를 제공하는 회사지만 음원 이외 방식으로 수익을 확보할 수도 있다. 먼저 소모품Consumables을 통해 수익을 확보하는 것이다. 음원 이용은 무료 또는 초저가로 제공하는 대신 음원을 이용하는 데 필요한 소모품을 판매해 수익을 확보하는 것이다. 자사 음원을 이용하기 위해서는 반드시 자사가 제공하는 플레이어나 이어폰을 사용하도록 해 해당 소모품 판매로 수익을 확보하는 방식이다.

이러한 방식은 초기에 구매 여부를 주저하는 고객이 많을 때 초기 진입 비용을 크게 줄임으로써 이용을 독려할 수 있다. 직접적으로는 고객에게 어떠한 비용도 청구하지 않을 수도 있다. 바로 광고Advertising를 활용하는 방식이다. 신규 앨범이나 신곡을 홍보하고 싶은 가수나 소속사로부터 음원 사이트 운영에 필요한 다양한 광고를 수주하고 고객에게는 음원 사용을 무료로 제공하는 방식이다. 하지만 신생 기업은 아직 특정 공간에 고객을 유의미한 수준으로 모으지 못했기 때문에 초기부터 광고 수익만으로 성과를 내기는 어렵다.

이 외에도 다양한 형태의 비즈니스 모델이 있으며, 앞에서 언급한 방식 중 두세 가지를 함께 활용하는 사례도 많다. 이상에서 나열한 사례를 통해, 동일한 내용이라 하더라도 어떠한 비즈니스 모델을 활용하느냐에 따라 전혀 다른 효과를 거둘 수 있음을 충분히 공감할 것이다.

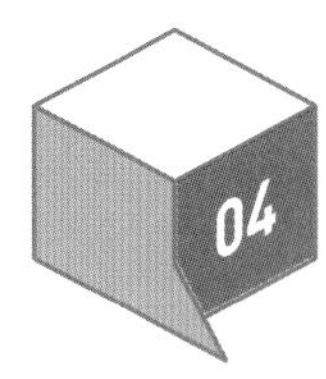

창업 시 가장 든든한 자산은 경험이다

흔히 창업을 준비하는 사람은 참신한 아이디어나 신기술에 주목하는 경향이 많다. 즉 이전에 누구도 생각하지 못한 아이디어나 신기술이 있어야만 창업하는 것이라고 생각하는 것이다. 하지만 창업 시 가장 든든한 자산은 정작 다른 곳에 있다. 바로 오랜 시간에 걸쳐 축적한 자기만의 경험과 노하우다.

특정 분야에서 오랫동안 활동하면서 축적한 경험은 커다란 경제적 효과를 가져다준다. 한 분야에서 오랫동안 업무를 수행하다 보면 관련 경험이 쌓이고, 이러한 경험은 업무를 보다 효율적으로 수행할 수 있는 토대가 된다. 즉 경험은 물건을 가장 값싸게 만들 수 있는 원천일 수 있으며, 때로는 물건을 가장 견고하고 정교하게 만드는 원천일 수 있다. 이러한 사실은 기존 기업만 보더라도 쉽게 확인할 수 있다. 숙련공이 있는 회사가 다른 회사보다 저렴한 가격으로 물건을 공급할 수 있는 이유는 이들 숙련공이 불량률을 낮추면서 더 싸고 빠르게 생산하는 노하우를 갖고 있기 때문이다. 숙련공이 노하우를 투여해 만든 정교하거나 견고한 제품을 제품이 아닌 작품으로 지칭하며 격상시키기도 한다.

장시간에 걸친 경험에 근거한 경제적 효과는 자본과 기술에 근거해 발생하는 경제적 효과보다 더욱 견고하다. 대규모 설비 투자로 획득한 효과는 신기술의 등장과 함께 일순간 소멸될 수 있다. 그뿐 아니라 대형 설비 투자는 신규 진출 기업을 막는 진입장벽 역할을 수행하기도 하지만 때로는 자신들의 퇴출을 막는 골칫덩이로 전락할 수 있다. 하지만 오랜 시간을 투자해야 얻을 수 있는 노하우와 경험에 근거한 경제적 효과는 한순간에 대체하기가 어렵다. 오랜 시간이 걸려야 축적되는 경험을 바탕으로 한 제품과 서비스는 한순간에 흉내 낼 수 없다.

그런 점에서 시간이 주는 경험은 가장 막강한 진입장벽 역할을 담당할 것이다. 오랜 경험만큼 오래된 제품이 커다란 경제적 성과를 가져다주는 경우도 많다. 일반적으로 회사가 기업 활동을 수행하기 위해 보유한 기계나 설비 장치는 시간이 지남에 따라 그 기능이 저하된다. 그뿐 아니라 이들 자산이 제 기능을 유지하기 위해서는 다양한 추가 비용이 유발된다. 이러한 추가적인 비용 유발은 회사의 수익성을 저해하는 요인으로 작용한다.

하지만 모든 제품이 그런 것은 아니다. 와인을 떠올려보자. 와인은 시간이 지날수록 가격이 상승하는 특이한 상품이다. 따라서 현재 재고로 남은 와인은 시간이 경과될수록 오히려 그 가치가

숙련공이 노하우를 투여해 만든 정교한 제품을 작품으로 지칭하며 높은 시장가치를 부여하기도 한다.

상승한다. 재고로 남아 있는 와인은 제조 당시 원가로 평가될 수밖에 없으며, 이들 와인은 판매되었을 때만 숙성된 고가의 와인으로 실제 가치에 반영된다. 오크통에서 점점 숙성될수록 가치가 높아지는 것이다. 목재, 주류, 가구, 발효식품 등 다양한 분야에서도 오래된 제품이 오히려 신제품 이상의 평가를 받는다.

우리는 일상생활 속에서 유명 맛집을 종종 마주친다. 식사 시간이 아님에도 이들 식당 앞에 손님이 길게 줄을 늘어선 모습을 보면서 이들의 성과를 부러워한 적이 누구나 한두 번쯤은 있을 것이다. 유명 맛집의 성과 역시 오랜 시행착오와 경험 속에서 맛의 비법을 찾아낸 덕분이거나 오랫동안 묵혀놓은 장맛 때문일 수 있다.

경험의 중요성은 창업가에게만 해당하는 것은 아니다. 어떤 의미에서는 창업 초기에 가장 필요한 것 중 하나가 경험 많은 직원이다. 많은 예비 창업가가 흔히 범하는 오해가 하나 있는데, 그것은 본인의 스타트업이기 때문에 경력이 많은 사원이나 본인보다 나이가 많은 사원을 뽑아서는 안 될 것 같다는 생각이다. 많은 스타트업 창업가가 자신과 비슷한 연배나 이제 막 대학을 졸업한 사람을 훨씬 선호하는 경향이 있다. 이러한 성향은 회사 생활을 조금만 더 자세히 들여다보면, 결코 올바른 접근이 아니라는 사실을 쉽게 확인할 수 있다.

일반적으로 자질이 좋은 직원을 뽑았다고 해서 현장에서 곧바로 성과를 내는 경우는 거의 없다. 이 때문에 많은 대기업은 신입사원을 교육하는 데 막대한 비용을 투여한다. 한국경영자총협회에 따르면, 기업은 대졸 신입사원에게 업무 관련 교육을 시키는 데 평균 6,000만 원을 사용하는 것으로 집계됐다. 특히 대기업은 신입사원에게 쓰는 교육비가 무려 8,600만 원에 달한다. 많은 기업 관계자에 따르면, 이처럼 많은 교육비를 투여했음에도 회사에 꼭 필요한 인재로 만드는 데는 대략 5년 정도가 소요된다고 한다.

사실 대기업은 업무 경력이 전무하더라도 훌륭한 자질을 갖춘 신입사원이 충분하다. 많은 비용과 시간을 투입해 훌륭한 직원으로 양성할 수 있는 사내 프로세스가 있기 때문이다. 또 대기업은 신입사원이 성과를 낼 때까지 업무를 수행해줄 숙련 직원이 충분하다. 그럼에도 최근에는 굴지의 대기업조차 사내 교육 비용에 대한 부담 등으로 신입사원보다 경력사원을 더욱 선호하는 경향을 뚜렷이 보인다.

이러한 사실은 스타트업에 적지 않은 시사점을 제공해준다. 스타트업은 신규 직원을 위한 사내 교육이나 연수 프로세스가 없다. 심지어 동료 직원이 신입 직원을 멘토링할 여유조차 없는 경우가 많다. 소수 인원이 두어 명 몫의 업무를 수행하는 경우가 태반이기 때문이다. 스타트업 기업일수록 직원의 잠재적 자질이나 역량보다 업무 수행 경험이나 경력을 중심으로 직원을 뽑아야 하는 이유가 여기에 있다.

높은 학력 등으로 높은 잠재력을 자랑하는 신입사원을 뽑았다 하더라도 직원이 업무를 익히는 데는 적지 않은 시간이 소요된다. 그리고 이 과정에서 직원이 저지르는 실수로 인한 피해는 스타트업이 고스란히 떠안아야 한다. 제때 세무나 행정 처리를 하지 않아 과징금을 물기도 하고, 협력 회사와의 업무 공조에 문제가 생겨 회사 제품과 서비스에 커다란 차질을 빚기도 한다. 영수증 처리, 계약서 보관 등 아주 소소한 업무에서의 실수만으로도 적지 않은 손실을 야기할 수도 있다.

스타트업이 이러한 상황을 미연에 방지하기 위해서는 경력과 경험이 충분한 직원을 뽑아야 한다. 특히 회계, 세무, 재무, 법무, 영업 관리, 시설관리 등의 업무에는 혁신성보다 업무 수행의 안정성이 더욱 중요하다. 즉 신입 직원보다 기존 경력 직원을 채용하는 것이 훨씬 적합한 분야인 것이다. 특히 이들 분야는 스타트업 기업이 활동하는 분야와 무관하게 회사 운영 과정에서 필수적으로 요구되는 고유 업무다.

많은 예비 창업가가 창업을 준비하는 과정에서 떠올리는 환상이 하나 있다. 친한 대학 친구끼리 자기 집 창고나 학교 기숙사에서 창업을 시작해 높은 성과를 내는 기업으로 성장시키겠다는 환상이다. 물론 이러한 경로로 성장해 세계적인 기업을 일구어낸 사례를 우리는 익히 알고 있다. 하지만 이들 기업에도 영민한 청년 창업가를 뒤에서 지원한 보이지 않는 노련한 직원이 있었음을 결코 잊어서는 안 될 것이다.

8장

어떻게
판매할 것인가

판매를 위해서는 평판을 형성하라

단순히 사업 아이템을 보유한 회사와 아이템을 실제로 제품화한 회사 사이에는 하늘과 땅만큼의 차이가 있다. 나아가 제품을 생산해본 회사와 이를 판매해본 회사 역시 마찬가지다. 다시 말해 물건을 생산하는 것과 이를 판매하는 것은 전혀 다른 차원의 일이다.

실제로 많은 스타트업 기업이 나름의 설득력 있는 아이템과 제품을 갖고도 좌초되는 가장 큰 이유 중 하나는 유의미한 수준의 매출을 올리지 못하는 데 있다. 그런데 한 가지 주목할 점이 있다. 많은 스타트업 기업이 매출을 올리지 못하는 이유 중 하나가 해당 기업이나 제품에 대한 평판이 아직 형성되지 않았기 때문이라는 것이다.

평판의 가치에 주목하라

거래가 형성되기 위해서는 먼저 평판이 형성돼야 한다. 평판이 없으면 시장이 형성되지 못한다. 이때 평판이 반드시 긍정적일 필요는 없다. 물론 높은 품질과 기술력을 갖춘 회사와 제품이라는 평판이 형성되어 있다면 높은 금액으로 거래될 것이다. 하지만 세상 모든 사람이 프리미엄 제품만을 찾는 것은 아니다. 상황에 따라 때로는 품질이 다소 떨어져도 값싼 제품과 서비스를 찾는 소비자들이 있다. 일례로 최상품 식자재는 식탁에 바로 올릴 수 있는 형태로 유통·판매된다. 하지만 이에 못 미치는 B급 식자재라 하더라도 얼마든지 판매할 곳이 많다.

B급 식자재는 반건조식품이나 가공식품의 원료로 판매할 수 있다. B급 식자재보다도 못한 식자재를 생산했다 하더라도 좌절할 필요는 없다. 이들 재료는 닭, 돼지, 소와 같은 축산물 사료를 만드는 데 활용되기 때문이다. 결국 거래를 성사시키는 데 중요한 요인은 소비자에게 해당 제품에 대한 품질을 평가할 수 있는 기준과 근거를 제시하고 이를 바탕으로 소비자가 지급하기 적합한 수준의 금액을 가늠할 수 있게 해주는 것이다.

온라인쇼핑몰이 처음 열렸을 때도 많은 전문가가 이 부분을 가장 크게 우려했다. 직접 물건을 보지도 못했고, 판매자와의 신뢰 역시 형성되지 않은 상태에서 어떻게 거래가 형성될 수 있을까 하는 의구심이었다. 하지만 많은 온라인 쇼핑몰 운영사는 온라인 거래를 활성화시키기 위해 평판을 형성하는 방법을 하나씩 찾아냈다.

가장 대표적인 평판 형성 도구로는 댓글과 평점 제도를 꼽을 수 있다. 해당 판매사와 이전에 거래한 사람이 제품이나 서비스에 후기를 올려놓을 수 있도록 해 평판이 형성될 기회를 마련했다. 별점이나 평점 역시 같은 맥락이다. 이 서비스는 먼저 체험한 사람이 자신의 만족도를 숫자나 별표로 표시해 공유할 수 있는 기회를 제공함으로써 이후 거래에 참여하고자 하는 사람에게 가이드라인을 제공한다. 심지어 좋은 평판이든 나쁜 평판이든 평판이 형성되어 있다는 이유만으로 소비자는 더 높은 금액을 지불하기도 한다. 이베이를 대상으로 한 실험에서는 높은 평판을 얻은 판매자를 섭외한 후 그에게 신규 아이디를 개설하게 한 뒤에 동일한 제품을 판매하도록 했다. 그 결과 이미 좋은 평판을 갖춘 아이디로 판매했을 때와 신규 아이디로 판매했을 때의 가격 차이가 8.1퍼센트 가까이 나타나는 것으로 확인되었다.

이처럼 많은 고객은 좋은 평판이든 나쁜 평판이든 자신이 평가할 수 있는 기준만 생겨도 거래에 참여하고 심지어 더 높은 금액을 지불하기도 한다. 지금 자사의 제품은 왜 판매가 저조한지 고민하는 스타트업 기업이 있다면 제품에 대한 평판을 어떻게 만들지 신경 써야 한다.

물론 이왕이면 좋은 평판을 만드는 것이 중요하다. 최근 기존 기업뿐만 아니라 스타트업 기업도 ESG에 관심을 기울이는 이유도 평판과 무관하지는 않다. ESG는 기업이 경영 활동을 수행하는 과정에서 고려해야 할 환경Environment, 사회Social 및 지배구조Governance를 말한다. 물론 이 요소들은 과거에도 중요하게 강조되었지만 특히 코로나19 이후 전 세계적으로 그 중요도가 다시 인식되기 시작했다. 이에 많은 기업이 ESG를 지향하는 경영 활동을 추구하는 것이다.

그렇다면 ESG 활동을 통해 기업이 얻을 수 있는 이점은 무엇일까? 실제 친환경 경영, 이해관계와 상생 구조를 구축하기 위해서는 추가적인 비용이 드는 경우가 많다. 하지만 기업들이 가져갈 수 있는 가장 큰 자산은 평판이 아닐까 싶다.

평판이 거래에 미치는 영향은 더욱 커지고 있다. 미디어를 접할 수 있는 기회가 더욱 확대된 점, 다양한 분야에서 활동하는 NGO가 더욱 늘었다는 점, 전통적인 광고에 부여하던 신뢰가 점차 낮아졌다는 점이 주요 원인으로 꼽힌다. 먼저 2014년 문화관광부의 발표에 따르면, 인터넷을 기반으로 한 신문사 수만

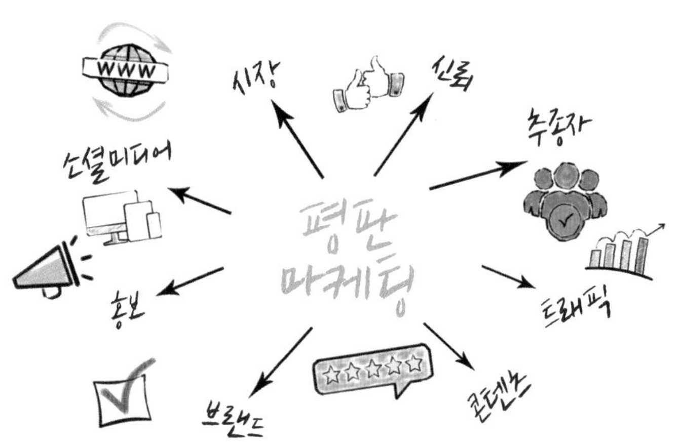

평판이 거래에 미치는 영향이 점점 커짐에 따라 많은 기업이 더 좋은 평판을 얻기 위해 다양한 활동을 하고 있다.

4,000여 개에 달하며, 정기간행물 등록 수는 1만 6,043개에 이른다. 그뿐 아니라 최근에는 SNS, 블로그, 커뮤니티 등 1인 매체들의 파급효과 또한 커지고 있다.

NGO 등록 수 역시 급증하고 있다. UN이 인정한 NGO 수만 하더라도 1980년대 초에는 1,000개가 안 되었지만, 최근에는 4,000개가 넘는다. 이들 NGO는 기후변화, 보건, 인권, 질병, 소비자 안전 등 다양한 문제에서 감시자 역할을 하고 있다. 다양한 매체와 이해관계자들의 등장은 기업 활동을 보다 면밀하고 신속하게 관찰해 전달할 수 있는 환경을 제공해준다. 당연히 기업이 제공하는 광고 내용에 대한 의존도와 신뢰도는 낮아질 수밖에 없는 것이다.

평판은 신뢰를 부여한다

평판 자체를 활용해서 기업 활동을 전개하는 경우도 많다. 대표적으로 프랜차이즈 사업, 라이선싱 등이 여기에 해당한다. 사실 프랜차이즈는 평판을 사는 효과도 있다. 아무런 평판도 형성되지 않은 채 개인 레스토랑을 시작하는 대신 특정 프랜차이즈를 선택하는 것은 고객들에게 일정 수준 이상의 신뢰를 부여하기 위함이다.

또한 좋은 평판은 그 자체로 자기 예언적 효과를 가져다준다. 예를 들어, 좋은 평판을 받는 벤처캐피털 회사나 전 세계적으로 유명한 투자자의 경우, 단순히 그 사람이 투자했다는 이유만으로 해당 기업이나 제품이 실제 내용과 무관하게 성공할 가능성이 높다. 때로는 평판이 과장되는 경우도 있다.

자사 상표를 타사에게 빌려주고 수익을 거두는 방식인 라이선싱 역시 기업이 자신들이 형성한 평판을 이용하는 비즈니스의 일환으로 볼 수 있다. 대표적으로 입생로랑과 크리스찬디올은 각각 300여 개, 랄프로렌과 캘빈클라인은 20개 회사에 자사의 로고를 사용하도록 허락한 뒤 라이선싱 수익을 거두고 있다. 물론 이러한 라이선싱을 남발해서 손해를 본 기업도 있다. 대표적인 기업이 피에르가르뎅이다. 피에르가르뎅은 1950년대의 고급 패션 회사였다. 하지만 자사의 로고를 알람시계, 야구공, 자동차, 담배, 와인 등 다양한 상품에 사용할 수 있도록 허락하면서 스스로 평판과 브랜드 가치를 훼손한 바 있다.

최근에는 우리나라에서도 세계적인 수준의 명성과 이미지를 구축한 기업들이 하나둘 증가하면서 평판이 차지하는 비중이 더욱 커지고 있다. 일반적으로 평판이 좋은 기업들은 리스크를 감수하지 않는다. 이름이 높은 기업일수록 혁신이 더 어렵다. 그렇기 때문에 이들 기업은 작은 신생 기업들이 그들을 추월하는 동안 평판에 의존해 타성적으로 움직이기도 한다. 평판 관리 능력을 더욱 배양해야 하는 또 다른 이유가 여기에 있다 할 것이다.

좋은 평판을 이끌어내기 위해서는 '까다로운 고객'을 집중 공략해야 한다. 국내에서 활동하는 외국계 기업 CEO는 흔히 한국은 '글로벌 기업의 무덤'이라 표현한다. 해외에서 최고의 성과를 내는 기업도 한국 시장에만 진출하면 힘 한번 제대로 못 쓰고 퇴출당하기 일쑤이기 때문이다.

세계적인 유통기업인 월마트와 까르푸는 이마트, 롯데마트 등

토종 기업에 밀려 별다른 성과를 내지 못한 채 결국 철수했다. 구글과 MS워드는 각각 포털사이트와 워드프로세스 분야에서 세계 시장점유율 1위를 차지하고 있다. 많은 국가가 구글과 MS워드 때문에 자국에서 자체 개발한 포털사이트와 워드프로세스 운영을 중단해야만 했다. 하지만 한국만큼은 예외였다. 현재 우리나라는 미국을 제외하고 자국어 문서 편집기(아래아 한글)를 가진 세계 유일의 나라다. 포털사이트 역시 해외에서는 절대적으로 구글 중심으로 검색이 이루어지고 있지만 국내에서는 네이버와 다음의 시장 점유율이 90퍼센트를 넘는다.

유달리 우리나라에서 글로벌 기업보다 토착 기업의 제품과 서비스가 살아남은 이유를 한국지엠 사장을 역임한 제임스 김은 까다로운 소비자 성향에서 찾는다. 그는 언론 기고문에서, 우리나라 소비자는 글로벌 트렌드를 주도하며 구매에서부터 애프터서비스까지 소비 및 사용의 전 과정에 걸쳐 엄격한 잣대로 브랜드 가치를 평가한다고 언급하면서 국내 소비자의 세계 최고 수준 눈높이를 해외 기업이 맞추지 못한다고 했다.

최근에는 할리우드 블록버스터 영화가 한국을 세계 최초 개봉 국가로 선택해 세계 흥행 성적을 사전에 예측하고, 글로벌 게임회사는 주요 게임 출시 전 사전 테스트에 한국 이용자를 대거 참여시키고 있다. 많은 글로벌 기업이 자사 제품과 서비스를 혁신하기 위해 한국 소비자에게 먼저 평가받고 있다. 이런 사실은 까다로운 소비자가 비교우위를 만들어내는 충분조건은 아니지만 필요조건일 수 있음을 보여준다.

유구한 역사 또한 비교우위를 만들어낼 수 있는 중요한 근거다. 우리는 스위스에서 만든 시계라는 이유만으로 여타 평범한 시계와의 성능 차이도 구별하지 못하면서 거액을 주고 시계를 구매한다. 패션은 잘 모르지만 이탈리아나 프랑스 옷이라는 이유만으로 기꺼이 지갑을 연다. 이들 국가가 해당 산업 부분에서 이 같은 비교우위를 얻게 된 가장 큰 배경에는 오랫동안 해당 산업 분야에서 쌓은 명성과 전통이 있다.

많은 국가에서 스위스 시계나 프랑스 원단과 비슷한 수준의 제품을 만들 수 있지만 역사와 전통이 있다는 이유만으로 이들은 해당 분야에서 오랫동안 비교우위를 누리고 있다. 우리 주위의 많은 음식점이 최신 시설이나 맛으로 승부를 보려 하기보다는 실제 원조집이 아님에도 불구하고, '원조'라는 간판을 내걸며 영업하는 이유는 유구한 역사와 전통에서 나오는 비교우위 요소가 상당한 수준의 부가가치를 창출한다는 사실을 알려준다. 스마트폰을 제일 잘 만드는 국가는 한순간에 다른 나라로 바뀔 수 있지만, 전통에서 탄생한 명성은 다른 국가가 단기간에 획득하기가 결코 쉽지 않다. 이것이 역사 또는 전통에 담긴 비교우위의 힘이다.

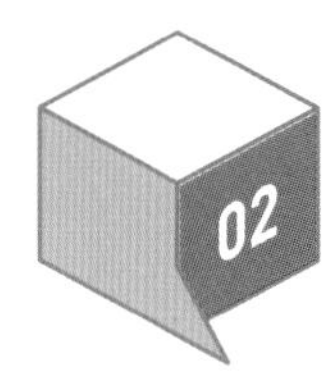

박람회를 적극 활용하라

스타트업은 존재를 알리는 것부터 쉽지 않다. 이미 자리 잡은 기업은 자체 인력과 자금을 활용하거나 기존 채널로 홍보하거나 고객과 소통할 수 있다. 하지만 자금과 인력이 부족한 스타트업이 고객과 소통하기란 쉽지 않다. 하지만 성공한 스타트업들은 이러한 한계점을 박람회를 통해 보완해왔다.

박람회의 사전적 의미는 특정 산업이나 문화 등을 소개하기 위해 관련된 각종 사물이나 상품을 진열해놓은 행사를 의미한다. 이 때문에 박람회는 동종 업계 트렌드를 확인하고 최근 이슈가 무엇인지를 점검하며 대중에게 자사를 홍보할 수 있는 주요한 기회다. 소비자가전전시회(CES)만 하더라도 미래 사회에 도래할 신기술을 엿볼 수 있는 기회로 여겨지면서 지금은 전 세계 언론과 관련 분야 종사자가 반드시 챙겨야 하는 행사로 자리매김했다.

박람회는 트렌드를 확인하고 이슈를 점검하며 대중에게 제품을 홍보할 가장 효과적인 기회다.

이러한 박람회를 통해 막대한 투자 유치에 성공하거나 제품 공급 계약을 체결한 스타트업의 사례를 종종 접하게 된다.

때로는 박람회를 통해서 커다란 실패를 사전에 맛보기도 한다. 기획한 시제품을 박람회에서 처음 시연하는 경우가 있는데, 이때 관련 분야 종사자로부터 따가운 질책과 조언을 듣기도 한다. 이러한 조언과 질책은 본격 양산에 들어갔을 때 치를 막대한 손실을 사전에 막아주는 값진 기회다. 실제 박람회 현장에서는 이런 부분만 보완한 제품을 만들어준다면 바로 구매하겠다며 조언과 함께 선계약 제안도 곧잘 이루어진다.

최근 추진되는 박람회는 물류박람회, 이러닝박람회, 골프박람회처럼 특정 산업 분야의 제품 전시 및 판매를 위해 기획된 박람회를 넘어 다양한 방식으로 스타트업을 지원하기 위해 기획된다.

대표적으로 스타트업 인력난 해소를 위해 기획된 스타트업 채용 박람회라든가, 스타트업이 우수 해외 인력을 채용할 수 있도록 기획된 해외 인재 채용 박람회, 창업에 실패하고 재도전하는 기업과 기업인을 위한 실패 박람회 등 그 기능과 역할도 다양하다.

물론 박람회 참여에는 적지 않은 비용이 든다. 이 때문에 정부에서는 앞서 열거한 것처럼 스타트업만을 위한 별도의 박람회를 기획하거나 일반 박람회라 하더라도 전시 공간을 따로 구분해 제공하기도 한다. 또한 국내 스타트업 기업이 해외 유수 박람회에 참여할 기회를 부여하고자 해외 박람회 참여 지원 사업도 제공한다. 해외 박람회에 참여하다 보면 우리나라 스타트업 기업을 종종 마주칠 때가 있는데, 이들 기업 상당수가 정부 지원으로 기회를 얻은 것이다.

정부 지원이 있다고 해서 회사 부담이 전혀 없는 것은 아니다. 박람회에 참가하려면 적지 않은 비용과 시간을 투여해야 한다. 따라서 준비되지 않은 상태에서 섣불리 박람회에 참가하기보다는 먼저 유사한 박람회를 많이 참관해야 한다. 이를 통해 박람회를 성공적으로 준비하기 위해 무엇을 해야 하는지 사전에 충분히 점검해둘 필요가 있다. 준비 자체가 어설픈 상황에서 박람회에 참가했다가 자칫 기업 이미지마저 크게 실추할 수 있기 때문이다.

박람회는 좋은 기회다. 한 가지 흥미로운 사실은 수많은 스타트업 기업 중에서 박람회에 참여하거나 관심을 보이는 기업은 한정돼 있다는 점이다. 게다가 늘 적극적으로 참여하는 기업만 지속적으로 참여하는 경우가 많다. 자사 제품과 서비스를 대중에게 보여주고자 하거나 회사 경영에 새로운 해결책이 필요한 스타트업 기업가는 박람회에 주목할 필요가 있다.

판매를 위해서는 체험 기회를 주어야 한다

스타트업이 흔히 사용하는 마케팅 전략 중 하나가 '일단 먼저 갖고 가서 사용한 뒤 결정하라'다. 물론 이런 전략은 아직 회사나 제품에 대한 신뢰가 형성되지 않은 상태에서 고객이 일단 사용해본 뒤 판단하도록 배려한 것일 수도 있다. 하지만 여기에는 고객의 심리를 활용한 고도의 판매 전략이 하나 더 숨어 있다.

그것은 일단 소유한 것에 더 큰 애착을 보이는 인간의 성향을 활용한 것이다. 일반적으로 이런 심리적 행태를 부존자원효과라 부른다. 부존자원이란 정상적인 거래나 법률에 근거해 합법적인 경로를 통해 소유하게 된 자원, 지위, 권리를 말한다. 부존자원효과는 자신이 적절한 절차를 거쳐 소유하게 된 것에 집착해 이를 과대평가하는 경향을 말한다. 우리는 일단 받은 물건에 애착을 갖게 되고 거기에 더 큰 가치를 부여하기 때문에 이를 돌려달라고 요청받으면 처음부터 아무것도 받지 않았을 때보다 더 크게 반감을 갖게 된다. 그 이유도 부존자원효과와 관련이 있다.

이 같은 부존자원효과를 실증적으로 규명해준 실험이 그 유명한 머그잔 실험이다. 머그잔 실험 내용은 단순하다. 실험 대상자들에게 먼저 머그잔을 보여만 준 뒤 해당 머그잔을 얼마에 팔 생각이 있는지 물어본다. 그러고 난 뒤 이번에는 동일한 실험 대상자들에게 해당 머그잔을 나누어주고 직접 만져볼 수 있게 해준 뒤 얼마에 팔 생각이 있는지 다시 물어본다. 실험 결과 처음 지불의사를 물었을 때보다 직접 만져보고 난 뒤에 물었을 때 가격이 2배 이상 높아진 것을 확인할 수 있었다. 이 실험 결과는 본인 소유의 물건이 아니더라도 신체적 접촉이나 심리적 작용으로 자신의 물건이라는 생각이 강화될 경우 해당 물건에 더욱 강한 애착을 갖게 됨을 확인해주었다.

일단 자신이 직접 만져보고 사용해본 물건은 구매 여부와 무관하게 애착이 형성된다. 이미 자신의 물건인 듯한 느낌을 갖게 되는 것이다. 이런 상황에서 일정 기간이 지나면 해당 물건을 반송할 확률은 줄어든다. 오히려 애착이 형성된 물건을 구매할 확률이 높아진다. 홈쇼핑이 이러한 기질을 잘 활용한다.

부존자원효과는 사실 손실회피 성향과도 관련이 크다. 손실회피 현상은 노벨경제학상 수상자인 미국 프린스턴대학교 경제학과 대니얼 카너먼Daniel Kahneman과 그의 동료 아모스 트버스키Amos Tversky가 발견한 것으로, 어떤 물건을 획득함으로써 얻게 되는 효용보다 그 대상을 잃게 될 때 느끼는 비효용이 훨씬 큰 현상을 말한다. 예일대학교 경제학과 연구진은 원숭이를 대상으로 한 실험에서도 유사한 기질을 확인했다. 행동경제학자인 예일대학교 벤카트 락슈미나라야난Venkat Lakshminaranan, 키스 첸Keith Chen, 로리 산토스Laurie Santos는 6마리의 꼬리감는원숭이에게 사과 조각을 살 수 있는 두 가지 거래 방식을 제시했다. 사과를 하나만 보여주고 거래하는 방식과 사과 2개를 보여주고 1개의 사과만 주는 방식이다.

실험 결과 사과 1개를 제시한 뒤 거래한 원숭이들이 사과 2개를 준 뒤 하나를 빼앗긴 원숭이보다 거래 만족도가 훨씬 높은 것으로 확인됐다. 사과 2개를 받은 원숭이들은 자신이 받은 사과보다 빼앗긴 사과에 더 큰 관심을 보였다. 일단 손에 쥔 사과를 다시 빼앗기기 싫어하는 원숭이의 마음은 오늘날 우리 일상에서도 고스란히 확인된다. 그 대표적인 사례가 부동산 시장이다. 부동산 시장에서는 "향후 추가적인 가격 상승은 없지만 그렇다고 해

소비자는 자신이 직접 체험하거나 소유한 것에 애착을 형성하는 경향이 있다. 이러한 부존자원효과를 잘 활용하는 것 역시 고도의 판매 전략이다.

서 부동산 가격이 하락하지는 않을 것이다"라는 표현을 자주 접할 수 있다.

부동산 시장에서 이 같은 현상이 전개되는 대표적 이유 중 하나가 바로 부존자원효과 또는 손실회피성향 때문이다. 고객에게 일단 체험 기회부터 주는 스타트업 기업의 판매 전략을 그저 브랜드나 평판이 없기에 어쩔 수 없이 진행하는 자구책 정도로 치부해왔다면 주의할 필요가 있다.

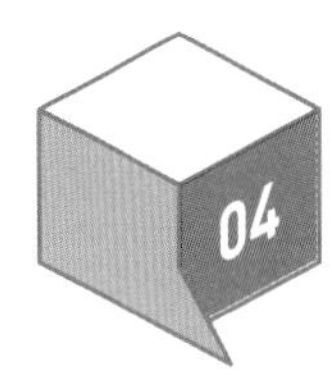

만드는 것 못지않게 전달하는 것도 중요하다

스타트업이 저지르는 착각 중 하나가 제품만 잘 만들면 고객에게 해당 제품을 전달하는 것은 크게 중요하지 않다고 여기는 점이다. 하지만 최근 세계 물류 트렌드를 보면 만드는 것 못지않게 이를 고객에게 적시에 전달하는 것 역시 중요한 경쟁력으로 대두되고 있다.

온라인을 중심으로 한 소비 활동 확대로 물류산업은 그야말로 눈부신 성장을 거듭하고 있다. 2015년 7월 이후 시가 총액 기준 세계 최고의 물류기업이 오프라인 중심의 월마트에서 온라인 중심의 아마존으로 바뀐 것은 이러한 관점에서 보면 예견된 사건이었다. 국내 물류산업만 하더라도 2000년 이후 연평균 7.3퍼센트씩 성장했다. 관련 기업체 수는 2000년 10만 개에서 2015년 20만 개로 증가했다. 종사자 수 역시 같은 기간 동안 34만여 명에서

온라인 중심의 소비 활동 증가는 세계적인 물류산업 확대로 이어졌다.

63만여 명으로 각각 두 배 가까이 늘었다.

물류산업은 양적인 측면에서는 분명 괄목할 만한 성장을 보였다. 하지만 질적인 부분에는 우호적인 평가를 하기 힘든 실정이다. 물류 기업 상당수가 영세성을 벗어나지 못하는 탓이다. 물류 기업 평균 매출액은 2000년 4억 원에서 2015년 5억 9,000만 원으로 연평균 2.6퍼센트 증가하는 데 그쳤다. 1인당 매출액 역시 같은 기간 동안 연평균 3.1퍼센트 증가하는 수준에 머물렀다. 이런 수치는 같은 기간 물류산업 전체의 성장률이 7.3퍼센트 수준임을 감안할 때 저조한 성과다.

온라인 쇼핑이 대세인 이 시점에서 왜 대부분의 물류기업은 영세한 형태로 양적인 성장만 거듭한 것일까? 해답은 물류 서비스의 세부 내용에 있다. 최근 급증하는 물류 서비스 수요는 사전에 철저히 기획된 대규모 기업형이 아니라 소량의 다품종 개인 단위 서비스다. 이 같은 변화에 따라 물류기업은 일상 소비 활동에서 즉각적이고 즉흥적이며 산발적으로 발생하는 다품종 소량 물류 수요에 대응력을 갖춰야 했다.

이러한 상황에서 물류기업이 선택한 해법 중 하나가 바로 아웃소싱이다. 언제 어디서 갑자기 물류 수요가 발생할지 모르는 상황에서 전국 물류 수요를 수용하기 위한 시스템을 모두 내부화하기에는 막대한 고정비용이 들기 때문이다. 따라서 택배 회사부터 오토바이 퀵서비스, 지하철 택배 등 필요할 때마다 그때그때 외부 기업을 활용하는 것이다.

4차 산업혁명과 함께 대두되는 여러 신기술은 개인화되고 맞춤화된 물류 수요에 대응하는 새로운 해법을 모색할 기회를 제공해준다. 아마존은 물류창고 로봇 키바를 도입해 물류센터 운영 비용을 절감했다. 사물인터넷(IoT) 기술 역시 그간 물류 현장에서 사람이 관리하던 정보를 IoT 센서가 대신 파악한 뒤 이를 네트워크로 연결해 모니터링하는 형태로 변화할 것으로 보인다. 수만 가지 종류의 물건을 보유한 물류창고에서 어떤 물건을 앞에 보관하고, 어떤 물건을 뒤에 보관해야 할지, 또한 어떠한 체계로 보관해야 할지 결정할 때 물류 소비 활동과 관련된 빅데이터는 유용한 근거를 제공해준다.

아마존이 물류 체계를 이처럼 첨단화하는 과정에서 가장 큰 피해를 본 곳은 월마트다. 아마존은 인공지능 기술을 활용해 소비자의 최종 구매 여부를 예측함으로써 당일 배송 체계를 구축했다. 월마트는 주문에서 배송까지 평균 이틀 정도 소요된다. 이러한 사실은 물류 부문에서 점차 회사 간 격차가 생길 수 있음을 방증한다. 제품과 서비스를 만드는 데만 관심을 둔 창업가가 있다면, 해당 제품을 어떠한 방식으로 고객에게 전달해야 할지도 다시 한번 점검하기 바란다.

제품명은 청각적 요소를 고려해 결정된다

청각은 다른 감각기관과는 달리 여러 면에서 특이하다. 가장 먼저, 청각은 우리가 자의적으로 조절할 수 없다. 시각은 보고 싶지 않을 때는 눈을 감으면 되고, 촉각은 만지고 싶지 않을 때면 손을 떼면 된다. 후각과 미각 역시 일정 정도가 지나면 맛과 냄새에 점점 무뎌지다 나중에는 무슨 냄새이고 무슨 맛인지조차 구분하기 어려워지는 경우도 많다. 하지만 청각은 다르다. 듣고 싶지 않은 소리라 해서 귀를 닫을 수도 없다. 또한 소리는 후각과 미각에 비해 점차 무뎌지는 정도가 극히 제한되어 있다. 이 때문에 청각을 활용한 마케팅은 우리 의지와는 상관없이 통제되지 않은 무방비 상태에서 계속해서 접할 수밖에 없다.

이러한 특성에 주목한 많은 기업이 소비자의 선택을 받기 위해 소리를 활용한다. 백화점은 종일 우아한 음악을 틀다가도 폐점 시간이 되면 빠른 음악으로 바꾸고 패스트푸드 매장에서는 자리 회전율을 높이기 위해 빠르고 경쾌한 음악을 계속 틀어둔다.

소리를 활용한 마케팅은 최근 들어 보다 전략적이고 과학적인 형태로 변화했다. 즉 고객의 특성과 자신들이 전달하고 싶은 메시지의 내용에 따라 전략적으로 소리를 만들어 제공하는 것이다.

소리의 제작은 크게 사운드클리닝Sound Cleaning과 사운드디자이닝Sound Designing으로 나눌 수 있다. 사운드클리닝은 듣기 싫은 소리, 소비자에게 전달하고 싶지 않은 소리 등을 인위적으로 차단하는 것이다. 그러고 난 뒤에 인위적으로 전달하고 싶은 소리를 만들어 채우는 단계가 바로 사운드디자이닝이다.

고객에게 보다 좋은 이미지를 심어주기 위해 노력하는 사운드클리닝과 사운드디자이닝 작업의 결정체가 있다. 다름 아닌 자동차다. 자동차는 시동 걸 때 엔진음, 주행 중의 주행음과 각종 버튼의 동작음, 센서들의 경고음, 에어컨 소리, 파워윈도우 소리, 문 여닫는 소리 등 그야말로 소리로 채워졌다 해도 과언이 아니다. 그리고 자동차에 문외한인 많은 사람들이 이러한 소리만으로 자동차의 성능을 판단하곤 한다. 많은 자동차 회사들이 자동차에서 나는 다양한 소리에 관심을 두는 이유도 여기에 있다.

세계적인 자동차 브랜드들은 차량의 이미지를 긍정적으로 유도하기 위해 인위적으로 개발한 엔진 소리가 나도록 차량을 설계한다. 마세라티는 콰트로포르테 스포츠 GTS를 개발할 때 피아니스트와 작곡가의 자문을 받은 것으로 유명하다. 그들은 자신들이 개발한 차량이 주행 상황에서 어떠한 배기음을 내는지를 악보로

그려달라 했고, 이러한 악보 내용을 바탕으로 최적의 배기음이 나도록 차량을 개발한 것으로 유명하다. BMW는 엔진뿐만 아니라 자사의 차량에서 구현되는 다양한 음향들을 연구하기 위한 별도의 음향연구개발센터를 운영하는 것으로 유명하다. 이곳에서는 각 차종에 적합한 엔진 소리를 찾는 다양한 실험을 수행하고 차량에서 나는 다양한 경고음과 버튼음 등도 개발한다.

굉음의 엔진 소리를 내는 것으로 유명한 할리데이비슨의 엔진 역시 인위적으로 해당 소리가 나도록 만들어졌다. 웬만한 자동차보다 마력이 높은 오토바이임을 쉽게 인지시킬 수 있는 방법은 강력한 힘이 느껴지는 배기음일 것이다. 할리데이비슨은 이러한 배기음이 나도록 디자인한 뒤 이를 상표권으로 등록해 관리한다.

이와 관련하여 전기자동차 제조사들은 고민에 빠졌다. 내연기관 자동차는 시동을 걸 때 엔진 소리가 나면서 시동이 제대로 걸렸다는 시그널을 주지만, 모터를 사용하는 전기자동차는 시동을 걸어도 그러한 소리가 들리지 않기 때문이다. 이 때문에 전기자동차 소비자들은 시동이 걸린 건지 꺼진 건지 잘 느껴지지 않아 불편하다는 의견과 내연기관 자동차에 비해 성능이 떨어지는 것이 아니냐는 불만을 제기한다. 이 때문에 일부 전기자동차 제조사는 시동을 걸 때 인위적으로 배기음을 내는 장치를 장착해야 할지 고민하고 있다.

제품 명칭 또한 청각 마케팅과 관련된 부분이다. 제품 명칭은 제품 표면에 인쇄되어 제시되기 때문에 시각적 요인으로만 치부되기 쉽다. 하지만 인쇄된 제품 명칭은 우리가 머릿속으로 읽을 때 청각적인 요소가 가미된다. 그렇기 때문에 많은 기업은 제품 명칭을 정할 때도 우리가 이를 청각적으로 어떻게 되새길지 고민한다.

화장품 브랜드에는 ㄲ, ㄸ, ㅃ, ㅋ, ㅌ, ㅊ와 같은 된소리나 거센소리를 좀처럼 사용하지 않는 것이 원칙이다. 여성스럽고 고급스러우며 우아한 분위기를 연출해야 하는 화장품의 특성상 이러한 거센소리로 제품 브랜드를 결정할 경우 제품 이미지에 손상을 줄 수 있기 때문이다. 화장품 브랜드는 우아하고 여성적인 느낌을 강하게 풍기기 위해 유음과 비음을 주로 사용한다.

아이들 용품은 정반대다. 아이들 장난감이나 간식은 귀엽고 정감 어린 느낌과 함께 발음할 때 재미도 느낄 수 있는 제품명을 선호한다. 그래서 된소리와 거센소리를 내는 단어들을 적극 활용한다. 뽀로로, 뿌요뿌요, 짜요짜요, 빵요빵요와 같은 단어들이 여기

사운드클리닝과 사운드디자이닝 등 최근 많은 회사가 청각적 요소를 마케팅에 적극 활용하고 있다.

에 해당한다.

라디오, 텔레비전 광고에서도 청각적인 요소가 중요하다. 별도의 음악을 만들어 광고에 활용하는 것만 보더라도 광고 효과를 높이는 데 청각적 요소가 얼마나 중요한지 쉽게 가늠할 수 있을 것이다. 최근 케이블 TV에서 간간이 접하게 되는 중소기업 제품 광고들은 동일한 카피를 몇 차례 반복하며 소비자들에게 자사 제품을 각인시키기 위해 노력한다. 그런데 이러한 광고들을 자세히 들여다보면, 같은 문구를 절대 세 번 이상 반복하지 않음을 알 수 있다. 딱 세 번까지만 반복한다. '대리운전은 ○○○', '장을 생각할 땐 ○○○'과 같은 문구를 세 번만 반복하는 것이다. 이는 청각을 이용해 특정 메시지를 각인시키고자 할 때 그 횟수가 세 번을 넘지 말아야 하기 때문이다. 사람들은 동일 문구를 3회 이상 반복하면 소음으로 받아들인다.

9장

어디서
창업해야 하나

첫 사무실은 어디에 두어야 하나

최근 사무실 없이 커피숍이나 기타 공공장소에서 노트북만 갖고 일하는 사람들이 늘고 있다. 이들을 가리켜 코피스족(커피coffee와 오피스office의 합성어)이라고도 하는데, 특히 스타트업에서 이러한 모습이 흔히 목격된다. 그러다 일정 시점이 되면 사무실이 필요한 시점이 도래한다.

창업 초 일정 시점이 되면 회사 사무실을 어디에 두어야 할지 결정해야 한다. 물론 창업 초기 비용을 가능한 한 줄인다는 차원에서 학교 내 창업 지원 공간을 활용하거나 정부에서 지원해주는 창업 공간 등을 활용하기도 한다. 한편 자신들만의 아지트를 꿈꾸며 가장 마음에 드는 사무실 공간을 찾고자 하는 창업가도 많다.

물론 어떤 방법이 절대적으로 옳다고는 말할 수 없다. 오히려 각각의 장단점을 명확히 인지하고, 그 속에서 자신에게 적합한 방법을 선택하라고 권하고 싶다. 자신들에게 가장 적합한 사무실 공간을 찾는 경우 적지 않은 비용이 소요된다. 여기서 말하는 비용에는 단순히 금전적인 비용뿐만 아니라 사무실을 알아보러 다니는 데 들이는 시간 등 모든 기회비용이 포함된다.

창업지원센터를 활용하라

사실 창업 초에는 결정할 것이 많은데 사무실 공간 확보에 불필요하게 많은 에너지를 소모하는 것은 바람직하지 않다. 또한 아직 자신의 업종에 대한 이해가 명확하지 않은 상황에서 정작 필요한 형태의 사무 공간은 따로 있음에도 불구하고 다른 형태의 사무실을 임대해 낭패를 볼 수도 있다.

별도의 사무실 없이 여러 창업지원센터에서 제공하는 공간에 입주하는 경우도 많다. 창업지원센터는 일반적인 사무실보다 임대료가 저렴하고 무상으로 입주할 수 있는 곳도 있어 스타트업의 첫 보금자리로 환영받고 있다. 특히 사무실을 구성하는 데 필요한 기본적인 집기마저 제공해주는 창업지원센터도 많다. 입주한 뒤 일정 기간 인터넷 요금과 전화 요금을 지원해주는 곳도 있다. 그뿐 아니라 창업지원센터에서 스타트업 기업을 위한 마케팅, 수출 등의 교육 프로그램을 제공해주는 경우도 있다. 해당 분야의 명망 있는 석학을 초대해 세미나를 개최하기도 한다. 창업 초 사내 연수나 교육 프로그램을 구축하기 어려운 상황에서 창업지원센터에서 제공하는 이러한 프로그램에 적지 않은 도움을 받았다는 기업인도 많다.

최근 들어 이러한 창업지원센터 설립이 더욱 활성화돼 현재 대략 300곳 이상의 창업지원센터가 운영되고 있다. 여기서 주의할 점은 창업지원센터 각각의 분위기가 완전히 다르다는 사실이다. 어느 창업지원센터에는 IT 기업들이 모여 있는가 하면, 또 다른 창업지원센터에는 문화, 예술 분야의 기업이 함께 모여 있다. 다양한 정보가 중요한 창업 초기에는 유사 업종의 사람들과 비슷한 공간을 공유하는 과정에서 다양한 신규 정보를 얻을 수 있다는 점도 기억해야 할 것이다.

하지만 창업지원센터는 대부분 서울과 수도권에 집중돼 있다. 즉 지방을 중심으로 창업 환경을 구축해야 하는 사람들에게는 자신에게 가장 적합한 창업지원센터를 찾기가 어려운 상황이다. 지방의 경우에는 해당 지역 대학교에서 운영하는 창업지원센터 가운데 기초적인 인프라가 완비돼 있는 곳이 많다. 반드시 해당 학교 출신만 입주할 수 있는 것은 아니기 때문에 이곳을 먼저 방문해보는 것도 한 가지 방법이다.

초기 창업 공간을 선택할 때 저렴한 비용보다 더욱 중요한 것이 있다. 바로 유사한 업종이 주변에 있는지 여부다. 흔히 유사한 업종끼리 모였을 때 누리게 되는 경제적 편익을 집적효과 내지 집적의 경제라 부른다. 하지만 많은 창업가가 집적의 경제로 인한 효과가 회사뿐만 아니라 회사 구성원과 고객에게도 일어난다는 사실을 명확히 인지하지 못하는 듯하다. 먼저 집적의 경제로 인한 이익은 근로자에게 발생한다. 특정 산업 분야가 집적된 곳에서 근무하면 이직하기가 쉽기 때문이다.

산업 특성상 프로젝트 단위별로 사람을 채용하는 산업이 있다. 대표적인 것이 컴퓨터 소프트웨어 분야다. 2~3년에 걸쳐 수행해야 할 대규모 프로그램 개발 프로젝트를 수주한 벤처기업은 관련 업무를 수행하는 기간 동안은 관련 전문가를 추가로 고용할 것이다. 물론 해당 프로젝트가 완료되면 회사는 다시 적정 고용 수준으로 조정하고, 이때 일정 기간 채용되었던 전문가는 회사를 떠나게 된다.

유사한 특성의 산업 분야에서 근무하는 근로자의 경우에는 상대적으로 집적된 장소에서 새로운 일자리를 찾기가 쉬워진다. 집적된 장소에서는 해당 회사의 프로젝트가 끝난 뒤에도 인근에서 다시 일자리를 찾을 가능성이 높기 때문이다. 유사한 업무를 수행하는 회사가 즐비한 곳에서 근무하면 비슷한 신규 프로젝트를

창업지원센터는 임대료가 저렴할 뿐 아니라 다양한 지원책을 제공하고, 입주 업체들과의 관계 속에서 다양한 경험과 인맥을 쌓을 수 있다는 장점이 있다.

수행하는 다른 회사의 정보 등을 쉽게 얻을 수 있을 뿐 아니라 유사 회사 관계자에게 자신의 존재를 자연스럽게 알릴 기회를 얻을 수도 있다.

다시 말해 특정 산업이 집적된 장소에서 근무하는 근로자는 이직 관련 정보와 기회를 보다 많이 얻을 수 있다. 유사한 업종의 집적으로 인해 근로자가 유관 분야로 쉽게 이직할 수 있으면 해당 근로자를 고용하는 회사에도 이익이 된다. 회사가 특정 프로젝트를 수행하는 데 필요한 인력을 확보하는 방법은 크게 두 가지다. 하나는 내부 인력 가운데 프로젝트에 맞는 직원을 뽑아 충원하는 방법이고, 다른 하나는 외부에서 적합한 인력을 찾아 채용하는 것이다. 하지만 외부에서 필요 인력을 충원하면 해당 인재를 찾아 선별하는 과정에서 비용이 발생한다. 비슷한 회사가 모여 있을 경우 해당 분야에 필요한 인재가 어디 있는지 인근 회사로부터 자문을 구하거나 추천을 받기가 훨씬 쉽기 때문에 인력 충원에 드는 비용이 크게 절감된다.

물론 인재 채용 과정에서 발생하는 비용이 항상 낮아지는 것만은 아니다. 예를 들어 특정 분야 인재에 대한 수요가 크게 높아질 경우 주변의 비슷한 회사 간에 경쟁이 벌어질 수 있다. 이는 자연스럽게 인재의 몸값을 올리는 요인으로 작용한다. 결국 회사는 인재를 충원하기 위해 더 높은 비용을 지불해야 한다. 하지만 이 역시 집적 수준이 한층 높아져 인재 풀이 더욱 많아지거나 다른 대안을 찾을 가능성이 높아질 경우 비용을 절감할 수 있는 요인이 된다.

대도시에 회사들이 몰려드는 이유

전 세계적인 스타트업 허브 지역 역시 이러한 장점을 활용하기 위해 모여든 기업들의 호응이 있었기에 가능했다. 전 세계적으로 실리콘밸리와 같이 스타트업들이 대규모로 군집한 지역의 공통점 중 하나는 한적한 지방이 아니라 세계적인 대도시 내부에 있다는 것이다. 실리콘밸리에 이어 스타트업들이 가장 많이 모여 있는 지역은 런던과 뉴욕이다. 이 두 지역은 세계적인 금융 중심지로, 창업 초기 투자 자금 유치가 필요한 스타트업 입장에서는 투자 유치와 금융 서비스를 누리기 쉽다는 장점이 있다.

같은 맥락에서 아시아에서도 금융의 중심지인 홍콩과 싱가포르에 스타트업이 대거 군집해 있다. 홍콩과 싱가포르는 내수 경제가 협소하기 때문에 아시아 전역을 대상으로 한 비즈니스 모델을 갖춘 스타트업이 많다는 특성이 있다.

아시아 지역의 또 다른 대표적인 스타트업 허브로는 베이징과 상하이를 꼽을 수 있다. 이 두 지역은 중국 정부의 적극적인 창업 육성 정책에 힘입어 다양한 혜택을 받을 수 있는 지역이다. 현재 베이징의 경우 미래 신산업 부분 스타트업을 육성하기 위해 별도의 추가적인 스타트업 입주 단지를 기획할 뿐 아니라, 스타트업 종사자들에게는 출입국 절차도 간소하게 완화해주는 등 다양한 혜택을 제공하고 있다.

유럽을 대표하는 스타트업 허브 지역 또한 그 방향성이 크게 다르지 않다. 암스테르담은 세계적인 물류 도시로 글로벌 인재들이 많이 모여 있는 도시이자, 물류를 지원하기 위해 금융회사들이 발달한 곳이다. 이런 요소가 스타트업들이 창업의 최적지로 암스테르담을 선택한 이유 중 하나다.

북유럽도 크게 다르지 않다. 북유럽의 대표적인 스타트업 허브 지역으로는 스톡홀름을 꼽을 수 있는데, 스톡홀름은 북유럽 3국을 모두 포함해서 금융 서비스가 가장 발달한 도시이자 우수한 대학과 글로벌 인재들이 모여 있는 도시다.

이상에서 열거한 바와 같이 스타트업들은 해당 국가를 대표하는 도시들로 모여드는 경우가 많다. 많은 스타트업이 대도시에서 창업을 선택하는 이유는 상대적으로 다양한 정보를 얻기 쉬울 뿐만 아니라 사업을 수행하는 데 필요한 여러 서비스를 외부로부터 수월하게 조달할 수 있기 때문이다.

더욱 중요한 사실은 투자자가 많기 때문이다. 투자자 입장에서는 자신이 투자한 회사가 어떻게 사업을 수행하는지를 손쉽게 확인하고 싶은 것이 당연하다. 따라서 자신이 투자한 회사가 멀리 있다면 당연히 투자를 주저하게 만드는 요인으로 작용한다.

창업 기업들이 한곳에 모여 있을 경우 이득을 보는 것은 고객도 마찬가지다. 우리는 주변에서 비슷한 업종이 함께 모여 있는 경우를 흔히 볼 수 있다. 이 과정에서 이득을 보는 경제 주체 중 하나로 고객을 빼놓을 수 없다. 가게들이 여기저기 흩어져 있을 경우, 여러 가게에서 상품을 비교하려면 먼 거리를 이동해야 한다. 이와 달리 유사한 품목을 취급하는 가게가 몰려 있으면, 굳이 발품을 많이 팔지 않고도 여러 상품을 편하게 비교할 수 있다. 이러한 이유로 우리는 전자제품을 사려고 할 때는 용산전자상가로,

옷을 사려고 할 때는 동대문의류상가로 향하는 것이다.

상생의 사례, 타임스퀘어

주변에 위치한 유사 업종들을 무조건 경쟁자로만 치부하는 것은 올바른 태도가 아니다. 물론 가까이 있는 회사들은 서로 치열하게 경쟁하는 관계지만 상생을 도모할 경우 놀라운 성과를 가져다주기도 한다. 뉴욕 타임스퀘어가 대표적인 증거다. 뉴욕의 타임스퀘어는 수많은 영화관, 공연장, 호텔, 레스토랑이 모여 있는 세계적인 명소 중 하나다. 전 세계에서 전광판 광고료가 가장 비싼 곳이기도 하다. 우리나라를 비롯해 여러 나라에서 지역 명소에 타임스퀘어라는 이름을 붙일 정도로 이제 타임스퀘어는 지역의 중심지를 가리키는 대명사가 됐다. 하지만 처음부터 뉴욕 타임스퀘어가 관광객이 찾고 싶은 거리는 아니었다.

1980년대까지만 하더라도 타임스퀘어는 뉴욕을 대표하는 대표적인 우범지대 중 하나였다. 대낮에도 매춘부, 강도, 소매치기가 몰려 있었다. 불법 총기나 마약이 필요할 때 타임스퀘어에 가면 쉽게 구할 수 있다고 말할 정도였다. 당시 뉴욕시 당국은 이런 타임스퀘어를 정화하고자 10여 년 동안 줄기차게 노력했지만 별다른 성과를 거두지 못했다. 이런 타임스퀘어를 오늘날의 모습으로 만든 것은 지역 상인들이었다. 상인들은 지역의 안전과 위생 상태를 비롯해 전반적인 활성화를 도모하기 위한 상업지구개선(Business Improvement District, BID) 사업을 시작했다. BID는 도심지관리(Town Centre Management, TCM)라고도 불린다. 우리로 따지면 동대문 밀리오레나 용산전자상가 같은 곳을 개선해 상권을 활성화시키기 위해 해당 지역 상인들이 주도해 설립한 관리 단체라 할 수 있다.

처음 뉴욕 타임스퀘어에 BID가 설립됐을 때 많은 사람이 주목한 부분은 무임승차자 문제였다. BID는 당연히 해당 지역 상인들이 출자한 금액으로 운영된다. 그런데 상인 입장에서는 자신이 굳이 돈을 지불하지 않더라도 옆에 있는 다른 상점 주인들이 출자해 상권이 활성화되면 자신도 그 혜택을 볼 수 있으니 굳이 BID에 자금을 지원할 필요가 없었다. 하지만 당시 뉴욕시 법은 누군가 BID를 조직하기 위해 해당 지역 상인 중 60퍼센트의 동의만 받으면 나머지 사람들도 모두 BID에 요금을 내도록 강제하고 있었다. 당시 타임스퀘어는 상인 투표 결과 84퍼센트의 찬성을 받아 BID를 설립해 운영했다.

결과는 대성공이었다. BID 사업으로 해당 지역의 범죄 건수가 현격히 줄었고, 주변의 위생 상태도 현저히 개선됐다. 상권이 활성화된 것은 당연한 일이었다. 10여 년 이상 뉴욕시 당국에서 노력했지만 성공하지 못한 일을 지역 상인들이 이룬 것이다. 이처럼 공유자원의 문제를 집단지성으로 해결하기 위해 반드시 정부의 도움이 있어야만 하는 것은 아니다. 이해관계자들의 견실한 참여만 유도해도 쉽게 달성할 수 있다.

사실 공유자원의 활용을 개별적인 차원이 아니라 전체적인 차원에서 고민해야 하는 이유는 타임스퀘어의 사례와 같이 세계적인 사례가 아니더라도 일상생활 속에서 쉽게 확인할 수 있다. 우리는 프랜차이즈 식당에서 음료수 하나에 빨대를 두 개 꽂아놓고 친구랑 함께 마셔본 경험이 있을 것이다. 이 경우 우리는 음료수 두 개를 시켜놓고 각각 마셨을 때보다 음료수를 더 빨리 마시게 되는 현상을 목격하게 된다. 상대방이 마시기 전에 조금이라도 많이 마시려다 보니 일어나는 현상이다. 이렇게 서로 조금이라도 더 많이 마시려고 경쟁하다 보면 식사가 끝나기도 전에 음료수를 다 마셔버려 식사 중 목이 메는 상황에 놓일 수 있다. 이런 일상의 사례 역시 개별 경제주체가 공유자원을 자기 만족만을 위해 사용할 경우 사회 전체의 만족이 줄어들 수 있음을 보여준다.

사무실 공간은 어떻게 구성해야 하나

인간은 인식하지 못하는 사이에 공간에 커다란 영향을 받는다. 공간에는 사람이 특정 행위를 수행하도록 유도하는 힘이 있다. 특히 공간을 통해 유도되는 행동은 간헐적이고 일회적인 행동action이나 활동activity이 아니라 일정한 패턴을 띠고 지속적인 양상을 보이는 행태behavior라는 점에서 그 영향력이 크다.

이런 점에 주목해 많은 기업이 조직의 창의력을 높이거나 구성원 간 커뮤니케이션 능력을 향상시키기 위해 또는 조직 문화를 개선하기 위해 사무실 공간을 이에 부합하는 형태로 바꾸고 있다. 변화의 중심에 있는 것이 공용 공간이다. 공용 공간은 여러 구성원이 함께 쓰는 공간으로 회의나 업무뿐만 아니라 휴식 등 다양한 활동을 할 수 있는 공간이다. 이런 공간을 변화시킬 경우 지향하는 형태로 조직문화를 변화시킬 수 있다.

회사 여러 구성원이 함께 사용하는 공용 공간을 변화시키면 조직문화를 개선할 수 있다.

여느 분야보다 창의력을 필요로 하는 광고회사에서도 회사 공용 공간을 변화시켜 창의력을 도모하고자 하는 시도가 있었다. 영국의 유명한 광고회사 HHCL은 직원이 빈번히 부딪히면서 커뮤니케이션할 때 더 창의적인 아이디어가 나온다는 사실을 활용하기 위해 서서 회의를 하거나 좁은 공간에 여러 사람이 일하도록 사무실을 설계했다.

구글 역시 사내 공용 공간을 새로운 개념의 공간으로 탈바꿈시켰다. 창의적인 담론과 직원 간 원활한 교류를 활성화하기 위해 공용 공간을 즐거운 곳으로 만들었다. 구글은 공용 공간을 시각적 즐거움이 있는 공간이자 동료 직원들과 함께 즐겁게 대화하고 마시고 쉴 수 있는 기능이 모두 충족되는 편안한 장소로 구성했다. 이런 공간에서 진행되는 업무 관련 회의나 동료 간의 비공식적인 대화, 외부 관계자 접견 등은 일반적인 사무실에서 진행되는 엄숙하고 부담스러운 만남보다 자유롭고 창발적인 결과를 빚어낼 것이다. 창조적 분위기 속에서 전개된 대화가 보다 혁신적인 아이디어로 이어지기 때문이다. 조직 구성원이 사내에서 구축한 높은 커뮤니케이션 능력은 외부 협력업체나 고객과 관계로도 확장될 수 있다.

애플의 대표 상품인 아이팟은 아이디어 단계에서 제품이 나올 때까지 채 10개월도 걸리지 않았다. 이렇게 짧은 시간에 세계인을 감동시킨 멋진 제품을 만들어낼 수 있었던 것은 애플 내부 직원 간의 높은 소통 능력 덕분이다. 애플은 자체 생산 라인이 없다. 그렇기 때문에 전 세계 어느 조직과도 협력할 수 있고, 어느 전문가와도 협업할 수 있다. 애플 직원들의 소통 능력이 없었다면 10개월 만에 전 세계를 휩쓴 아이팟을 출시할 수 없었을 것이다. 현재 많은 회사가 사옥 1층 카페테리아에 편한 대화의 공간을 제공하고, 로비에 다양한 문화공간을 조성해 사진과 그림 전시회 등을 개최하는 이유도 여기에 있다.

얼마 전 세계적 컨설팅 업체인 부즈앤드컴퍼니에서 전 세계 기업 임원들을 대상으로 가장 혁신적인 기업이 어느 회사인지 설문조사를 실시했다. 그 결과 앞에서 언급한 애플, 구글, 3M이 1~3위를 차지했다. 부즈앤드컴퍼니의 파트너인 배리 재루제이스키에 따르면, 애플, 구글, 3M의 뒤를 이어 GE, 토요타, 마이크로소프트, P&G, IBM, 삼성, 인텔 등이 10대 혁신기업으로 꼽혔지만 애플과 구글, 3M을 꼽은 경우가 나머지 7개 기업에 비해 압

도적으로 많았다. 세계 최고의 혁신 기업으로 꼽힌다는 것은 결코 쉬운 일은 아닐 것이다. 애플, 구글, 3M 같은 기업의 영광은 직원의 혁신을 이끌어낼 수 있게끔 업무 공간과 환경까지 세심하게 고려하는 노력의 결과가 아닌가 싶다.

해외 창업도 고려해볼 만하다

인공지능, 빅데이터, 클라우드, 증강현실과 같은 최첨단 분야를 기반으로 창업을 준비하는 예비 창업가는 해외 창업도 고려해볼 만하다. 국내 못지않게 해외 여러 나라도 이들 첨단산업 분야에서는 전문가를 찾기 어려운 상황이기 때문이다.

최근 정부가 신성장동력 부문의 대규모 인력 양성 계획을 발표했지만, 지금 현재 창업을 준비하는 기업가들은 이들 인력이 양성될 때까지 기다릴 수만은 없는 상황이다. 이러한 상황에서 유효한 대안으로 제시할 수 있는 것이 해외 창업이다.

AI, 빅데이터, 블록체인, 신성장 부문의 인력 부족을 경험하는 것은 비단 우리나라만은 아니다. 일부 국가들은 해외 우수 인력과 창업가를 유치해 이들 산업 부문을 활성화하기 위한 노력을 적극적으로 전개하고 있다. 해외 우수 인력의 국내 유치 및 창업

일부 국가는 해외 우수 인력과 창업가를 유치해 산업을 활성화하려는 노력을 전개하고 있다.

활동은 기존 국내 기업과 교류 연계로 이어져 새로운 아이디어와 창의성을 확보할 수 있는 원천으로 활용할 수 있다. 또 외국인 창업가 네트워크 등을 활용해 글로벌 협업 중심의 기업문화 환경 조성과 해외 수출의 교두보를 마련할 기회도 얻을 수 있다. 해외 국가가 외국인 예비 창업가를 적극 유치하는 이유도 바로 여기에 있다.

미국의 경우 자국의 경제 발전에 기여하고 고용을 촉진하기 위해 외국인 취업에 대한 제한은 강화하지만, 외국인 창업은 장려하겠다는 기조는 유지한다. 미국은 자국의 일자리를 창출하는 창업가에게 스타트업 비자를 7만 5,000개 쿼터 내에서 발급한다. EB6는 벤처캐피털이나 앤젤투자자의 투자를 받은 창업가에게 발급되며, 2년간 거주할 수 있고, 이후 요건 충족 시 영주권도 취득할 수 있다. 2017년에는 미국 내 스타트업을 설립해 운영하는 외국인 기업가에게 비자 없이 최대 5년간 임시 체류 자격을 부여하는 새로운 규정도 마련했다.

싱가포르의 경우 자국 내 창업을 희망하는 창업가를 위해 회사 설립 후 6개월 이내에 창업비자를 신청할 수 있게 운영하고 있다. 창업비자는 만료 2개월 전에 갱신하며 갱신 횟수 제한이 없을 뿐만 아니라 총사업비 15만 싱가포르달러 이상, 현지인 4명 이상 고용한 경우 동반가족 비자(배우자 및 21세 미만 미혼 자녀)나 장기거주 비자 발급이 가능하다.

중국은 베이징시 공안부를 통해 2016년 3월 베이징 혁신발전을 위한 출입국정책조치 20조항을 제정해 새로운 비자 및 영주권 정책을 시행 중이다. 베이징시를 중심으로 미래 신산업동력을 확보하기 위해 해외 우수 인력의 출입국 환경 원활화, 효율적인 출입국 서비스 제공, 해외 고급 인재와 혁신 창업 인재의 베이징 영입을 통한 기술혁신 달성 등을 목표로 삼고 있다.

유럽의 경우 프랑스가 가장 적극적으로 외국인 창업가를 유치하고 있다. 제2의 실리콘밸리 육성을 목표로 2013년부터 IT 창업 지원 프로그램인 라프렌치테크La French Tech를 시작하면서 해외 스타트업 지원 프로그램인 프렌치테크티켓French Tech Ticket을 통해 해외 IT 분야 창업가를 유치한다. 프렌치테크티켓에 당선된 창업가를 대상으로 연간 2만 5,000유로의 보조금과 함께 프랑스 비자 취득 혜택을 제공한다.

가격은 어떻게 정해야 하나

가격을 결정할 때는 가치와 비용을 모두 고려해야 한다

고객이 구매 여부를 결정할 때 가장 결정적인 영향을 미치는 요소는 단연코 '가격'이다. 디자인, 서비스, 기능 등 다른 요소를 평가할 때도 가격 대비 품질을 바탕으로 고민할 때가 많다. 그렇다면 이처럼 중요한 가격은 어떠한 방식으로 결정해야 할까?

다양한 가격 결정 방법

가장 흔히 사용하는 방법은 원가중심 가격결정cost-based pricing이다. 즉 제조 원가에 일정한 이윤을 더해 판매 가격을 결정하는 것이다. 회사가 이러한 방법을 사용하는 이유는 쉽게 가격을 결정할 수 있기 때문이다. 회사는 자사 제품을 제조하는 과정에 든 비용뿐 아니라 회사를 지속적으로 운영하는 데 필요한 이익 수준 또한 잘 알고 있다. 혹은 해당 업계의 통상 이윤율을 적용해 원가에 가산하기도 한다.

다음으로 목표이익 가격결정target profit pricing이 있다. 이는 회사가 목표로 삼는 이익을 달성하는 데 필요한 매출 수준에 따라 가격을 결정하는 방법이다. 예를 들어 특정 의류 회사가 판매하고자 하는 매출량이 1,000벌이고, 이를 통해 얻고자 하는 목표이익이 10억 원이라고 결정되면, 이러한 목표이익을 실현하기 위한 수준으로 가격을 결정하는 것이다.

회사는 재고를 관리하기 위해서도 가격을 조절한다. 어떤 제품은 다른 재화에 비해 시간에 따라 가치가 훨씬 빨리 손실되는 경향이 있다. 의류처럼 유행을 타는 재화들이 여기에 해당한다. 따라서 조속히 재고를 소진하는 것이 중요하다. 그렇다고 무조건 재고를 빨리 소진시켜서도 안 된다. 아직 해당 제품을 원하는 소비자가 많은데도 재고가 일찍 소진될 경우 매출 극대화는 물론 소비자들의 불만으로 이어질 수 있기 때문이다. 이러한 이유로 의류 회사는 재고를 유지하는 방편으로 가격을 이용하기도 한다.

손실유도 가격결정loss leader princing이 그중 하나의 전략이다. 이 전략은 회사의 제품 중 일부 가격만을 할인하는 방법이다. 손실유도 가격결정은 이렇게 몇 개의 제품만 할인된 가격으로 제공해 매장에 더 많은 사람들을 유치하고 이를 통해 정상적인 가격이 부여된 다른 제품의 판매량을 올리는 전략이다.

이외에도 일시적으로 많은 고객을 유치하기 위한 특별행사 가격결정special event princing이나, 재고 부담을 줄이기 위한 할인 가격결정discount pricing 등도 있다. 지금까지 소개한 가격결정 전략들에는 한 가지 공통점이 있다. 소비자의 의사와는 무관하게 회사의 입장을 중심에 놓고 가격을 결정한다는 것이다.

이와는 달리 경쟁사 상황을 중심에 놓고 가격을 결정하는 방법이 있다. 이러한 방식은 자사의 목표이익이나 원가보다는 경쟁사 제품의 가격을 근거로 해서 자사의 제품 가격을 결정하는 것이다. 이 전략은 경쟁사 제품의 가격을 바탕으로 자사의 목적을 실현하기 위한 최선의 가격 수준을 결정한다. 예를 들면, 자사의 시장점유율을 올리기 위해 경쟁사의 가격보다 낮추거나 자사의 브랜드 가치를 높이기 위해 경쟁사보다 높은 가격을 부여하는 식이다.

한계효용 법칙을 이용하라

이상에서 소개한 다양한 제품 가격 결정 방법들은 자연법칙이 아니다. 어떤 창업가가 자사의 제품을 보다 잘 알리고 회사의 이윤을 확보하기 위해서 고민 끝에 생각해낸 방법들인 경우가 대부분이다. 또한 이러한 전략들은 자사가 추구하는 가치와 활동 분야에 따라서도 달라질 수밖에 없다. 그리고 이보다 더욱 중요한 요인은 자사의 제품과 서비스를 이용하는 고객들이 어떠한 편익을 느끼느냐에 따라 가격을 결정하는 것이다.

기능 면에서는 똑같은 가방인데도 명품 가방의 경우 가격이 비쌀수록 더 잘 팔리거나 가방을 구입하기 위해 백화점 영업 시간 전부터 고객들이 줄을 서서 기다리는 것을 우리는 잘 안다. 이러한 현상은 해당 제품에 소비자가 부여하는 가치 또는 편익이 해당 가격 이상의 수준이기 때문에 발생한다. 따라서 많은 창업가가 자사의 제품과 서비스의 가격을 결정하기 전에 반드시 알아야 할 것 중 하나가 소비자의 편익에 대한 이해다.

일반적으로 제품과 서비스를 많이 이용할수록 해당 제품과 서비스로부터 얻게 되는 편익이 점차 줄어든다. 이를 경제학에서는 한계효용 체감의 법칙이라 부른다. 하지만 모든 제품이 이와 같은 한계효용 체감의 법칙을 따르는 것은 아니다. 특정 제품의 경우에는 소비량이 증가함에 따라 한계효용이 체증하는 경우도 있다. 이러한 현상은 소비자들이 해당 제품의 사용량을 늘림에 따라 해당 제품에 점차 익숙해지고, 그로 인한 편리함에서 오는 효용이 더욱 높아지는 상황에서 쉽게 목격될 수 있다.

제품의 가격은 제품 제작과 유통에 드는 비용뿐 아니라 회사가 추구하는 가치와 활동에 따라서도 정해진다.

스키는 한계효용이 체증하는 대표적인 사례다. 스키를 처음 배울 때는 넘어지거나 빠른 속도로 내려가는 것에 대한 두려움이 즐거움보다 훨씬 크다. 극단적으로 말하자면 왜 스키가 재밌다고 하는지조차 공감하지 못하는 사람들이 많다. 하지만 스키에 대한 경험이 차츰 쌓여감에 따라 스키가 주는 재미를 조금씩 이해하게 되고, 결국 어느 순간이 지나면 두려움보다는 즐거움이 더 커지게 된다.

개인 블로그의 경우도 대표적인 사례다. 개인이 블로그를 운영하기로 처음 결정하고 난 뒤 초기에는 아마 블로그 운영이 주는 재미가 상대적으로 적을 것이다. 아무도 내가 이런 블로그를 운영하는지 알지도 못할 뿐만 아니라 블로그를 원활히 운영하기 위한 다양한 기능에도 익숙하지 않기 때문이다. 하지만 이용 횟수와 사용량이 조금씩 증가함에 따라 해당 블로그는 점점 남다른 공간으로 변모한다. 비록 타인의 방문이 거의 없는 공간이라 하더라도 자신의 일상 기록들을 담은 다양한 사진과 글들을 차곡차곡 모아둔 이곳은 이제 더는 쉽게 버릴 수 있는 공간이 아니다. 물론 이 과정에서 친구와 지인들의 방문율 또한 높아졌다면 블로그가 주는 의미는 전과 많이 달라졌을 것이다. 이러한 현상은 해당 블로그나 카페에 투여한 시간과 비용이 많을수록, 다시 말해 해당 제품의 소비량을 늘릴수록 그로 인한 한계효용이 더욱 높아지는 효과를 설명한다.

UX/UI 분야 역시 마찬가지다. 사용자가 특정 제품의 인터페이스를 얼마만큼 편리하게 느끼는지는 해당 제품을 얼마만큼 사용해봤는지와 무관하지 않다. 즉 인터페이스는 해당 인터페이스 자체의 편리함도 중요하지만 소비자가 해당 제품을 자주 사용함으로써 해당 제품의 인터페이스에 익숙해지는 것이 무엇보다 중요하다. 따라서 인터페이스 역시 해당 제품의 사용량에 따라서 한계편익이 점차 증가한다고 볼 수 있다. 이러한 성향의 제품과 서비스를 구현하고자 하는 창업 기업이라면, 초기에 소비자들이 해당 제품과 서비스를 적극적으로 활용하도록 유도하기 위한 무료 전략 또는 초저가 전략이 필요하다.

스키와 음악의 공통점

소비자들의 사용량이 증가함에 따라 한계효용이 증가하는 제품들의 경우에는 초반에 소비자들의 사용량을 급격히 증가시킬 수 있는지가 성패를 좌우한다. 따라서 스키장의 경우에는 스키 초보자들을 위한 무료 강좌 프로그램을 운영함으로써 많은 이용객이 스키가 주는 재미를 느낄 수 있게 만들어주는 것이 중요하다. 이러한 이유로 스키장마다 무료 강습 과정을 쉽게 찾아볼 수 있다. 스키장에서 초급 코스 이용자에게 리프트 이용권 등을 무료로 제공해주는 이유도 동일하다. 아직 스키 타는 재미를 충분히 느끼지 못하는 초보자에게는 스키 경험을 충분히 쌓는 것이 중요하기 때문이다. 그렇게 함으로써 이들이 스키 타는 재미를 충분히 느낄 수 있는 이용자가 되면, 이들은 보다 큰 재미를 느끼기 위해 중급 코스나 고급 코스 등을 찾게 될 것이다. 설사 중급 코스와 고급 코스의 리프트 이용료가 더 비싸다 하더라도 그들은 더 큰 재미를 누리고자 기꺼이 돈을 지불할 것이다.

음악 역시 한계효용이 체증하기도 한다. 모든 음악이 다 그런 것은 아니지만 어떤 음악의 경우에는 처음에는 낯설고 익숙지 않아 해당 음악이 주는 즐거움을 제대로 만끽하지 못한다. 하지만 반복해서 듣다 보면 어느 순간 낯설고 익숙하지 않은 느낌은 사라지고, 멜로디나 리듬이 친숙해져 해당 음악이 가져다주는 한계효용이 체증할 때가 종종 있다. 우리가 특정 음악을 평가할 때 "처음에는 별로였는데, 자꾸 들으니 좋더라"라고 말할 때가 있는데 이 경우가 여기에 해당한다. 평소 자신이 좋아하는 가수의 공연을 관람할 때는 노래도 따라 부르고 다음에는 어떤 곡이 나올지 기대하면서 높은 효용을 느끼게 되지만, 생소한 가수의 공연에 처음 간 경우에는 노래를 따라 부르거나 다음 곡에 대한 기대 등으로 인한 즐거움을 누릴 수 없을 것이다. 엔터테인먼트 회사들 역시 이러한 사실에 주목한다. 그들은 음악을 판매하는 방법 중 하나가 해당 음악을 친숙하게 만드는 것임에 주목한 것이다.

1980년대 마이클 잭슨과 함께 팝 음악계의 양대 산맥으로 불렸던 가수 프린스는 이러한 경제 원리를 누구보다 명확히 이해하고 있었다. 2007년 프린스는 오랜만에 신작 앨범을 발표하면서 이를《데일리메일》신문 일요판과 함께 공짜로 뿌렸다. 모처럼 발표한 신작 앨범을 판매할 기회를 스스로 포기한 것이다. 그 대신 그가 선택한 수익 모델은 콘서트 입장 수익이었다. 즉 신작 앨범 CD를 무료로 배포하는 대신 자신의 런던 콘서트 투어를 적극 홍보하기로 한 것이다. 이 과정에서 프린스는 CD 300만 장을 무료로 배포해 CD를 판매했다면 얻을 수 있던 수익 560만 달러를 포기했다. 하지만 무료 CD를 통해 가수 프린스의 음악에 친숙해진 수많은 영국인이 콘서트 표를 예매하기 시작했고, 그로 인해 콘서트는 매진을 기록하게 된다. 당시 프린스는 영국에서 콘서트 투어로 대략 2,400만 달러에 달하는 입장료 수익을 거둘 수 있었다고 한다. 나중에 알려진 사실이지만 프린스는 해당 신문사에게 자신의 CD를 무료 사은품으로 제공할 수 있게 해준 대가를 별도로 주었다고 한다. 영국인들에게 상대적으로 마이클 잭슨보다 덜 친숙했던 팝스타 프린스는 이 같은 전략을 통해 자신의 음악에 대한 체험 기회를 높여, 자신의 음악을 잘 모르는 영국인들이 공연장을 찾도록 유도한 것이다.

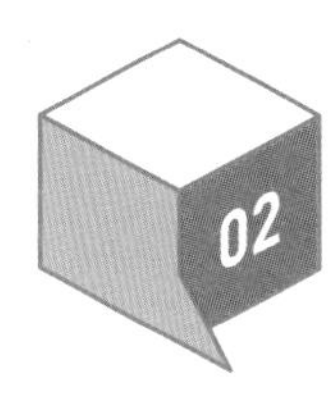

소비자의 편익 수준을 이해하는 것은 손실을 줄일 때도 유용하다

창업가가 소비자들의 효용 수준을 명확히 이해해야 할 이유는 더 있다. 창업가는 한계효용을 조절해 추가적인 이윤을 확보할 수도 있지만, 한계의 원리는 손실을 줄이는 데도 유용하다. 손님이 거의 없는 식당이 계속 영업하는 이유가 바로 여기에 해당한다. 손님이 없는 식당 주인이 영업을 계속해야 할지를 결정하기 위해서는 가변비용과 고정비용을 비교해봐야 한다. 식당은 고정비용이 많이 드는 업종이다. 임대료, 주방용품, 종업원 등은 영업 수준과 관계없이 일정 비용이 지속적으로 지출되는 항목들이다. 다시 말해 이러한 항목들은 고정비용이며, 이러한 고정비용은 손님이 적어 그날 가게 문을 닫는다 하더라도 계속 지출된다. 하지만 가변비용은 다르다.

가변비용은 영업 정도에 따라 비례해서 부과되는 비용으로 식자재와 전기요금, 수도요금 등이 여기에 해당한다. 따라서 식당 주인이 고민해야 할 부분은 바로 이 가변비용과 매상의 크기다. 손님이 적다 하더라도 추가로 가변비용을 투여해 손님을 받았을 때 드는 비용보다 매상이 더 크다면 손님이 아무리 적더라도 가게 문을 계속 열어야 한다. 그래야 손실 폭을 줄일 수 있기 때문이다. 다른 말로 표현하면, 영업 행위를 한 단위 더 투여함으로써 발생하는 가변비용의 증가분인 한계비용과 매상 증대를 통해 얻게 되는 한계수익을 비교해 영업 여부를 결정해야 한다는 것이다.

사실 이미 많은 기업 현장에서는 이러한 사실을 인지한 결과, 일견 손해인 듯싶어도 계속해서 영업을 수행하곤 한다. 항공사도 이 중 하나다. 텅 빈 비행기로 비행해봐야 비행기 수리 비용, 활주로 이용비, 승무원 인건비 등은 어차피 회수하지 못한다. 따라서 파격적인 할인을 해서라도 한 명이라도 승객을 더 태우는 것이 손실을 줄이는 방법이다. 승객 한 명 추가된다고 해서 비행기 연료비가 급격히 증가하는 것도 아니며, 승객에게 추가로 제공하는 서비스 역시 기내식과 음료수 정도이기 때문이다. 따라서 승객에게 투여되는 한계비용을 초과하는 수준의 운임을 받을 경우 해당 항공사는 이득을 보는 것이다. 심지어 미국과 유럽의 몇몇 항공사들은 일부 노선에서는 비행기 표를 공짜로 제공하기도 한다.

라이언에어의 무료 항공권

저가 항공사 중 하나인 영국의 라이언에어Ryanair가 바로 그곳이다. 라이언에어는 2007년에 대대적으로 100만 좌석 무료 행사

라이언에어의 무료 항공권 정책은 홍보 효과만을 노린 것이 아니라 손실을 막고 새로운 수익원을 창출하는 적극적인 마케팅 정책이다.

를 벌여 많은 사람을 놀라게 했다. 지금도 세금 10파운드만 내면 항공료가 무료인 행사를 전개하고 있다. 그럼에도 불구하고 라이언에어는 2000년 이후 10퍼센트 중반의 영업이익률을 유지한다. 그 비법은 무엇일까? 라이언에어에서 운행하는 모든 비행기가 공짜는 아니다. 그들이 공짜로 제공한 것은 주로 주중이나 심야에 운행되는 비행기 표다. 인기 시간대가 아닌 시간대에 운행하는 비행기 표를 공짜로 제공해주는 프로모션을 통해서 무명의 저가 항공사인 라이언에어는 많은 사람에게 알려지게 되었다. 이는 막대한 자금을 투여해야 거둘 수 있는 엄청난 홍보 효과를 가져다 주었다.

라이언에어의 수익은 비금전적인 홍보 효과만을 지칭하지 않는다. 사실 라이언에어가 배포하는 공짜 항공권은 주중이나 심야와 같은 비인기 시간대에 국한된 것이지 주말이나 인기 시간대에는 원래 가격대로 운행했다. 비인기 시간대에 텅 빈 비행기를 운항하는 데서 오는 손실은 공짜 티켓을 배포함으로써 줄일 수 있다. 텅 빈 비행기의 운항을 막기 위한 라이언에어의 노력을 표를 공짜로 나눠주어 수익을 얻을 수 있는 기회를 스스로 차단한 것으로 치부해서는 안 될 것이다. 라이언에어는 공짜 항공권으로 탑승한 승객들을 대상으로 또 다른 수익 모델을 구축했다. 라이언에어는 항공권 자체는 공짜지만 기내에 수화물을 갖고 탑승할 경우 소액의 요금을 청구했다. 또한 음료수와 기내식도 유료로 전환했다. 급한 용무가 있어 우선 탑승이 필요한 사람들에게도 요금을 청구했으며, 창가 자리와 같이 특정 자리를 지정하고 싶은 사람에게도 소정의 금액을 청구했다.

최근에는 라이언에어뿐만 아니라 유럽 다른 나라의 저가 항공사들도 세금만 내거나 세금을 포함한 소정의 금액만 내면 탑승할 수 있는 항공권을 판매한다. 이들 항공사의 전략은 손님이 없는데도 계속해서 영업 활동을 하는 레스토랑 주인과 같은 마음에서도 비롯된 것임을 한계분석의 원리가 설명해준다.

한계분석의 원리를 활용한 기업

최첨단 산업인 통신산업에서도 유사한 현상이 쉽게 확인된다. 통신 산업 역시 막대한 인프라 투자가 필요한 산업이다. 또한 이러한 인프라 투자 대부분은 영업 수준과 무관하게 지속적으로 발생하는 고정비 비중이 높으며, 추가적인 이용자가 발생함으로써 유발되는 한계비용은 거의 제로에 가깝다. 따라서 통신산업은 텅 빈 식당처럼 이용자가 많지 않을 경우에는 실로 막대한 손실을 보게 된다. 반대로 이용자가 많으면 많을수록 통신회사는 커다란 이익을 얻게 된다.

이러한 사실에 주목한 스카이프는 인터넷 전화(VoIP) 서비스를 출시하면서 가입자들 간에는 통화 이용료가 무료라는 파격적인 프로모션을 진행했다. 또한 일반적인 전화 이용료와 음성메일 등의 부가서비스 역시 초저가로 설정했다. 그 덕분에 스카이프는 2억 7,000만 명에 달하는 가입자를 확보할 수 있었다. 그 대신 스카이프는 사용자들이 통화할 때마다 사용해야 하는 헤드셋과 기타 관련 부품에 대한 장비 라이선스 수수료 등으로 수익을 거두는 전략을 선택했다. 이러한 스카이프의 전략은 자칫 서비스 자체에 높은 요금을 부과함으로써 이용자가 많지 않을 경우 발생하는 막대한 손실을 회피하면서 그에 못지않은 수익을 다른 곳에서 찾는 전략이었다.

면도기로 유명한 질레트는 초기부터 한계분석의 원리를 비즈니스 현장에서 적극 활용한 기업이다. 질레트는 한계비용과 한계수입에 대한 명확한 판단 아래 판매 전략을 수립한 것으로 유명하다. 질레트는 오래전부터 창의적인 판매 전략을 시행했다. 면도기를 몸체와 면도날로 나눠 면도기 몸체는 저가로 제공하는 대신 면도날은 고가로 설정하고 면도날만 계속해서 판매해 더 큰 수익을 거두는 전략을 추구한 것이다. 이렇게 되면 소비자는 몸체가 아니라 면도기 날만 다시 구매하면 되기 때문에 상대적으로 저렴한 가격으로 계속해서 면도를 할 수 있다.

여타 면도기 회사에서 출시한 면도기는 몸체와 면도날이 붙어 있어 새 면도기를 얻는 데 투여되는 한계비용이 질레트에 비해 컸다. 하지만 질레트의 면도기는 날만 구입하면 되므로 선호도가 점차 높아진 것이다. 또한 면도기 몸체와 면도날을 나눠 판매하는 방식을 통해 면도기를 구입한 기존 고객들이 계속해서 질레트 면도기를 이용하는 유인 구조를 설정할 수 있었다. 이로 인해 질레트는 텅 빈 식당 주인이나 텅 빈 비행기 운항 회사와 같은 고민을 하지 않을 수 있었고, 더 나아가 세계에서 가장 많은 사람이 즐겨 사용하는 최고의 면도기 회사로 거듭날 수 있었다.

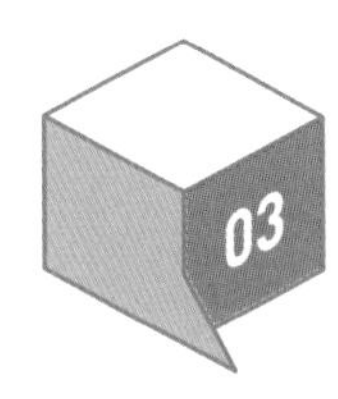

고정비용과 가변비용을 유연하게 활용하라

고정비용은 많고 가변비용이 적은 상황에서 커다란 성과를 거둔 회사들도 있다. 한때 유럽을 대표하는 가정용 전자제품 업체였던 보쉬-지멘스BOSCH-SIEMENS가 여기에 해당한다. 보쉬-지멘스는 브라질 빈민 지역에 자신들의 신제품 냉장고를 공짜로 나누어 준 적이 있다. 보쉬-지멘스가 냉장고를 저가도 아니라 공짜로 나누어줄 수 있었던 이유는 브라질 전력회사 덕분이다.

전력회사를 운영하는 데는 높은 고정비용이 발생한다. 특히 전력은 사용량이 적다고 해서 발전기를 껐다 켰다 할 수 있는 산업이 아니다. 그럴 때마다 천문학적인 비용이 발생하기 때문이다. 또한 전력회사는 사람들이 사용하는 전체 전력량을 충분히 감당할 수 있는 수준에서 전력을 지속적으로 공급해야 한다. 만약 그러지 않을 경우 흔히 블랙아웃Black Out이라고 부르는 대정전이 발생한다. 밤에는 사용 전력량이 많지 않지만, 공급량은 사람들이 가장 전기를 많이 사용하는 오후 12~16시 사이와 별반 다르지 않다. 이러한 상황에서 전력회사는 사람들이 전기를 효율적으로 사용해주면, 불필요한 비용을 줄이는 기회를 얻게 된다. 더욱이 최근에는 환경문제가 대두되면서 전력회사의 상황이 더욱 열악해졌다. 온실가스 감축에 기여하지 못할 경우 다양한 추가 비용을 치러야 하기 때문이다.

보쉬-지멘스는 왜 냉장고를 공짜로 주었을까?

보쉬-지멘스는 바로 이 점에 주목했다. 보쉬-지멘스는 청정개발체제(CDM)을 활용해 수익을 거둘 수 있다는 사실에 주목했다. CDM 사업은 유엔기후변화협약(UNFCCC)에서 인정하는 선진국-개발도상국 간 온실가스감축사업으로, 개발도상국은 사업 유치를 통해 탄소배출권 수익과 기술 이전 효과를 얻을 수 있으며, 선진국들은 본 사업에 참여해 얻은 이산화탄소 감축량을 자국의 온실가스 감축 목표에 활용할 수 있다. 보쉬-지멘스는 브라질 전력회사와 손잡고, 전기 사용량이 많은 빈민가의 구형 냉장고를 수거하고, 전기 사용량이 좋은 신형 냉장고를 공짜로 나누어주었다. 보쉬-지멘스는 이로 인해 전기 사용량이 감소해 발생한 전력회사의 이익과 CDM 실적을 자신들의 주 수익 모델로 삼은 것이다.

보쉬-지멘스가 냉장고를 공짜로 나눠주면서까지 추가적인 판매에 열을 올린 이유는 무엇일까? 여타 가전 업체처럼 매장을 통해서 냉장고를 유료로 판매하는 전략만을 고수해도 됐을 텐데 말이다. 보쉬-지멘스 역시 텅 빈 식당 주인의 마음과 크게 다르지 않았을 것이다. 냉장고를 생산하기 위해서는 거대한 생산설비와 인력을 보유해야 한다. 이러한 설비와 인력은 냉장고가 많이 팔리든 적게 팔리든 일정 비용을 계속해서 지불해야 하는 고정비용의 성격이 짙다. 그런 상황에서 공장을 계속해서 가동하는 것은 회사의 손실을 줄이거나 보다 큰 이익을 창출하는 주요한 방법이다. 그렇기 때문에 보쉬-지멘스는 신형 냉장고를 구입하고자 하는 기존 고객에게도 냉장고를 판매하고, 신형 냉장고를 구입할 수 없는 브라질 빈민가 사람들에게도 냉장고를 판매할 수 있는 새로운 방법을 모색한 것이다.

우리가 즐겨 사용하는 제품이나 서비스 중에서 공짜에 가까운 것들이 있다면, 이는 누군가가 한계의 원리에 입각해 자신의 손실을 줄이거나 혹은 추가 이익을 확보하려는 치열한 고민 속에서 나온 결과물일 가능성이 높다.

비용과 편익을 명확히 계산하기는 어렵다

소비자의 편익을 바탕으로 기업의 이윤 폭을 확인하는 방법 중 하나가 비용-편익 분석cost-benefit analysis이다. 비용-편익 분석은 기업이나 국가가 특정 경제 행위를 수행할지 여부를 결정하기 위해 사용하는 방식 중 하나다. 특히 공공사업의 타당성을 평가하는 과정에서 비용-편익 분석이 자주 활용된다.

비용-편익 분석의 원리는 간단하다. 한계의 원리와 마찬가지로 특정 경제 행위를 수행할지 여부는 그 행동을 수행했을 때 추가되

보쉬-지멘스는 브라질 빈민층에 신형 냉장고를 공짜로 제공함으로써 브라질 전력회사로부터 온실감축으로 인한 추가 이익을 보전받았다.

는 편익이 그 행동을 수행함으로써 추가로 지불해야 하는 비용보다 많을 경우에만 수행해야 한다. 하지만 비용-편익 분석을 실제 기업 현장이나 국가 정책 입안에 적용하는 것은 그 정의처럼 간단하고 명쾌한 일만은 아니다. 비용-편익 분석에 따라 정책 입안을 결정하고자 할 때 비용과 편익을 계산하기 가장 쉬운 방법 중 하나는 설문조사를 하는 것이다. "본 정책이 입안되는 데 당신이 지불할 의사가 있는 금액은 얼마인가"라는 질문을 통해서 해당 정책에 국민들이 부여하는 편익의 수준을 계산할 수 있다. 하지만 특정 사업이나 정책을 수행할 때마다 이러한 설문조사를 수행할 수는 없다. 국민을 대상으로 한 설문조사 역시 적지 않은 비용이 유발되기 때문이다. 설사 전 국민을 대상으로 설문조사를 수행했다 하더라도 각각의 국민이 설문조사를 통해 제시한 편익과 비용이 과학적이며 객관적인 근거에 입각해서 대답한 금액이 아니라는 사실 또한 잘 알고 있다. 이러한 설문조사 내용은 일종의 유용한 참고자료일 뿐이다. 결국 특정 경제 행위를 수행할지 말지를 결정하기 위해서는 당사자가 비용과 편익을 나름의 기준에 따라 가늠해야 한다. 하지만 특정 경제 행위로 인해 발생하는 비용과 편익을 명확히 계산해낸다는 것은 결코 쉬운 일이 아니다.

지하철 건설만 떠올려봐도 쉽게 알 수 있다. 지하철 건설 여부를 결정하기 위해 비용을 산출한다고 가정해보자. 지하철 건설 과정에서 유발되는 각종 비용은 당연히 비용에 포함될 것이다. 하지만 지하철 건설로 인해 발생하는 비용은 여기에 국한되지 않는다. 본격적인 지하철 건설에 앞서 지하철 건설에 시민들이 동의하는지를 확인하는 데 드는 비용, 공사 기간 중 교통 혼잡이 가중되어 발생하는 손실 비용까지 당연히 포함되어야 할 것이다. 지하철 건설로 해당 지하 공간을 다른 목적으로 개발할 기회를 포기했다면, 이 역시 기회비용의 관점에서 비용에 포함되어야 할 것이다. 건설 완료 이후 지하철 운행으로 인해 향후 지속적으로 소음이 발생해 주민들이 입을 피해 역시 결코 간과할 수 있는 금액은 아니다.

하지만 이상에서 열거한 비용들은 다른 측면에서는 편익으로 계산될 수도 있다. 예를 들어, 지하철 운행으로 인해 발생하는 소음은 분명 비용이라 할 수 있지만, 사실 지하철이 건설되지 않았다면 지상 도로를 이용하는 사람들이 더욱 많았을 것이다. 따라서 지하철 건설은 지상의 교통수단이 유발하는 소음을 줄여주는 편익을 유발한다. 또한 도시철도를 지하철 형태로 개발하는 것은 해당 지하 구간이 다른 목적으로 개발되지 못해 발생한 비용이 아니라 지상을 다른 목적으로 활용할 수 있는 기회를 제공해주는 편익일 수 있다.

도시철도를 지하철이 아니라 지상의 고가로 이동하는 형태로 개발했을 경우와 비교해보자. 지상에 건설할 경우 도시 경관을 저해하게 된다. 따라서 지하철 형태로 개발한 것은 오히려 도시 경관을 지켜준 편익이라 할 수 있다. 지하철 건설 중에 일어나는 교통 혼잡 또한 단순하게 판단할 일이 아니다. 지하철이 완공된 이후 지상의 교통수단을 이용하는 사람이 줄어들어 이로 인해 교통 혼잡을 줄일 수 있는 편익을 가져오기 때문이다.

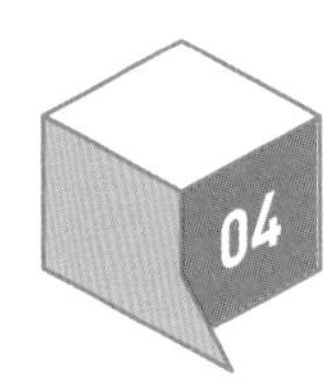

구체적인 비용을 산출할 수 있을까

이처럼 '비용'과 '편익'을 명확히 구분하기 어려울 뿐만 아니라 더 나아가 해당 금액을 객관적이고 과학적으로 산출해 명확히 수치화하는 것 역시 결코 쉬운 일이 아니다. 그렇다면 비용-편익분석을 수행할 때 '비용'과 '편익'의 구체적인 금액을 산출하는 방법은 무엇일까? 다시 지하철 건설 사례로 돌아가보자.

지하철 건설 과정에 투여된 건설 비용은 당연히 비용에 해당한다. 하지만 지하철 건설 과정에서 직접적으로 공사비로 얼마만큼의 비용을 투여했다고 해서 해당 금액을 비용으로 계산해서는 바람직한 결론을 얻기 어렵다. 사실 지하철 건설 과정에서 투여된 모든 비용을 효과적으로 집계하는 방법은 '기회비용'의 개념을 활용하는 것이다. 예를 들어, 지하철 건설 과정에 투여된 시멘트의 가치는 실제 시멘트를 구입하는 데 투여된 비용이기보다는 해당 시멘트를 지하철 건설에 투여하지 않고 다른 데 사용했을 때 얻게 되는 가치에 근거해야 한다. 그래야만 지하철 건설 과정에서 발생하는 모든 비용이 포함될 수 있으며, 지하철을 건설하는 것이 올바른 판단인지에 대한 의사결정을 제대로 수행할 수 있기 때문이다.

물론 해당 시멘트의 기회비용은 시멘트 구입에 지불한 금액일 것이다. 왜냐하면 시멘트를 구입하기 위해 포기한 직접적인 금전적 지출이 시멘트 가격이기 때문이다. 그러나 만약 구입하려는 시멘트가 지하철 건설이나 댐 건설 중 어느 한 용도로만 사용된다고 가정할 경우, 그리고 시멘트가 댐 건설에 사용될 경우 가져올 수 있는 편익을 명확히 알 수 있다고 가정할 경우 상황은 전혀 달라진다. 시멘트 가격은 10만 원인데, 해당 시멘트를 댐 건설에

비용과 편익의 구조는 결코 간단하지 않다. 때로는 비용이 편익일 수 있고, 비용이면서 동시에 편익일 수 있는 지출도 많다.

사용할 경우 얻게 되는 편익이 20만 원이라고 하자. 이 경우 우리는 지하철 건설 비용에 투여되는 시멘트의 가치를 10만 원이 아니라 20만 원으로 계산해야 한다. 지하철을 건설하기 위해 우리가 포기한 비용은 단순히 시멘트 자체를 구입하기 위해 투여한 10만 원이 아니라 해당 시멘트를 더 효과적인 목적에 사용하지 못한 데 따른 비용이자 댐 건설로 인해 얻을 수 있는 편익인 20만 원이기 때문이다. 그래야만 비용-편익 분석을 통해서 우리에게 더 큰 윤택함을 가져다주는 것이 무엇인지 합리적으로 결정할 수 있다.

이상에서 설명한 지하철 건설의 사례를 통해서 우리는 비용-편익 분석 시 비용이 다른 의미에서는 편익일 수 있다는 사실과, 비용이면서 동시에 편익일 수 있는 지출이 많다는 사실을 알 수 있다. 이와 함께 큰 틀에서 비용과 편익의 구체적인 금액을 기회비용의 관점에서 계산해야 한다는 사실도 확인했다.

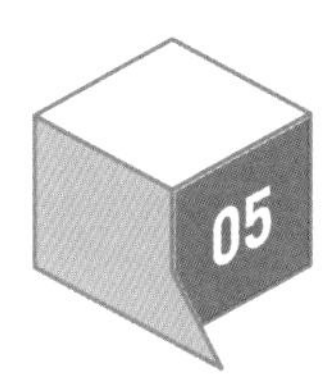

현실에서 사용되는 비용-편익 분석

어찌 보면 실제로 지불하는 금액도 아닌 기회비용의 관점에서 비용과 편익의 구체적인 금액을 계산한다는 사실이 다소 이론적으로 보일 수도 있을 것이다. 하지만 비용-편익 분석은 상아탑에 갇힌 이론이 아니라 현실의 여러 분야에서 널리 활용되는 실질적인 도구다.

1993년 미국의 소비자단체는 1973~1987년까지 생산된 GM의 픽업트럭 500만 대를 리콜할 것을 요구했다. 트럭의 가스탱크가 자동차 사고 시 쉽게 폭발할 수 있도록 설계되어 있어 150여 명이 사망했다고 주장한 것이다. 소비자단체의 이 같은 조사 결과가 발표되자 미국 국민들은 광분하기 시작했고, 이는 법정 소송으로까지 이어졌다. 당시 미국 법원은 리콜을 실시할 경우 최대 32명의 생명을 구할 수 있다고 파악했다. 그런데 문제는 리콜 비용이었다. 당시 GM이 500만 대를 전부 리콜하는 데 투여해야 할 비용은 무려 10억 달러에 이르렀다. 결국 10억 달러를 투여해 최대 32명의 운전자를 구할 수 있다면, 운전자 한 명의 생명을 구하기 위해 GM은 무려 3,000만 달러가 넘는 비용을 지불해야 한다는 결론이 나온다. 물론 인간의 생명은 금액으로 평가하기 어려울 만큼 존엄하다. 그리고 어떠한 배심원도 인간의 생명을 금액으로 환산해 평가하는 일을 유쾌하게 생각할 리가 없다. 결국 배심원들이 GM의 편을 들어줄 리가 없을 것이다. 오히려 자칫 GM이라는 회사가 국민의 생명을 지키는 데 비용을 지불하길 주저한다는 인상만 심어줄 가능성이 높았다.

이에 GM은 다른 식의 논리를 통해 자신의 입장을 법원과 배심원에게 전달한다. 자신들이 10억 달러보다 훨씬 적은 금액인 5,000만 달러로 음주운전 방지 교육을 실시하고 저소득층 20만 가구에 유아용 안전좌석을 제공할 경우, 이로 인해 더 많은 생명을 구할 수 있다는 내용이었다. 당시 GM은 유아용 안전좌석을 제공하는 것만으로도 50명의 생명을 구할 수 있다는 사실을 계산해 제시했다. 이렇게 되면 하나의 생명을 구하는 데 투여된 비용이 100만 달러 이하로 떨어진다. GM의 제안은 더 적은 비용으로 더 많은 생명을 구해낼 수 있다는 논리이며, 이러한 논리에 따라 법원은 리콜에 투여될 10억 달러를 다른 용도로 사용하겠다는 GM의 타협안을 받아들였다.

1999년 영국에서도 비슷한 사례가 있었다. 통근 열차가 충돌해 31명이 사망하는 사건이 벌어진 것이다. 당시 열차 사고에 영

GM은 비용-편익 분석을 수행한 후 문제 차량 전체를 리콜하는 것보다 다른 방식으로 비용을 지출하는 것이 더 많은 편익을 가져다준다고 판단했다.

국인들이 더욱 민감해했던 이유는 한때 국영기업이었던 브리티시레일을 민영화한 뒤 바로 사고가 터졌기 때문이다. 영국인들은 민영화된 철도회사가 국민의 안전보다는 자신의 이익을 높이는 데만 주의를 기울여 이 같은 사고가 발생했다고 생각했다. 조사에 착수한 영국 정부는 철도사업자에게 7억 달러의 비용을 들여 열차 안전과 경고 시스템을 설치할 것을 권고했다. 그러나 정작 조사 과정에서는 민감해진 민심까지 고려해 더욱 강력한 안전 체계인 유럽열차통제체계(European Train Control System, ETCS)를 설치할 것을 논의하게 되었다.

하지만 곧이어 분위기는 반전되기 시작했다. ETCS를 설치하려면 최대 90억 달러를 투여해야 하고, 이로 인해 얻을 수 있는 성과는 연간 최대 3명의 인명을 구하는 데 그친다는 사실이 보도

되면서부터다. 또한 같은 돈을 도로 위의 교통사고를 줄이는 데 투여할 경우에는 10배 이상의 성과를 얻을 수 있다는 내용들이 함께 보도되면서 여론은 다시 바뀌기 시작했다. 결국 영국 정부는 ETCS 구축 계획을 철회했다.

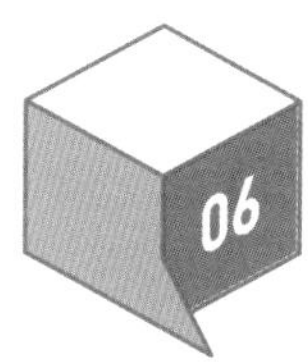

편익 계산이 더 어렵다

비용을 산출할 때는 생각보다 다양한 요인을 고려해야 한다. 그러나 비용-편익 분석 작업을 수행하는 데 더 큰 어려움은 편익을 계산하는 데 있다. '편익'은 '비용'보다 그 실체를 명확히 측정해 수치로 표현하기가 더욱 어렵기 때문이다.

앞서 비용-편익 분석 시 비용을 산출하는 방법으로 기회비용의 관점이 유효하다는 사실을 확인했다. 이 과정에서 시멘트를 단지 지하철 건설에 사용하거나 혹은 댐 건설에만 사용할 수 있다는 다소 무리한 가정을 전제로 지하철 건설의 적정 비용을 산출하는 기초 근거를 마련했다. 하지만 현실 세계에서는 이처럼 분명한 대체 상황을 찾기가 결코 쉽지 않다. 그렇기 때문에 실제 비용-편익 분석 시 비용은 해당 사업을 수행하는 데 직접적으로 투여된 자원이나 인력 등 여러 가지 비용을 합산해 도출되는 경우가 많다. 이들 비용은 가장 명확한 비용일 뿐만 아니라 해당 자원을 구매하기 위해 포기한 금액이 명확히 드러나기 때문이다.

그러나 편익은 그리 간단하지 않다. 특정 경제 행위가 가져다줄 편익은 다양한 형태로 나타날 수 있다. 편익에 비해 비용은 직접적이고 가시적이기 때문에 산출하기가 비교적 용이하다. 하지만 편익의 경우에는 이용자의 즐거움이나 편리성의 증가와 이로 인해 일어나는 주변인들의 추가적인 변화 등을 함께 고려해야 하는 경우가 많다. 예를 들어 국민의 안전을 지키기 위해 지하철에 스크린도어를 설치하기로 결정했다고 가정해보자. 이때 스크린도어를 설치하는 데 투여한 비용은 쉽게 계산할 수 있다. 하지만 스크린도어를 설치해서 확보한 안전의 가치는 얼마일까? 다양한 견해가 존재할 것이다.

정부는 전국에 흩어져 있는 문화재를 보존하기 위해 다양한 비용을 지출하고 있다. 이 역시 소방 관련 비용, 파손 방지 비용, 도난 방지 비용 등으로 구분해 각각 얼마씩 지출했는지 명확히 산출할 수 있다. 하지만 보존된 문화재들로 인해 우리가 얻은 편익은 얼마일까? 해당 문화유산을 잘 보존하고 관리해 이로 인해 내외국인들로부터 얻게 될 관광 수입은 분명 중요한 편익에 해당할 것이다. 우리 국민이 문화재를 통해서 느끼게 될 자긍심 또한 중요한 편익 중 하나다. 하지만 자긍심의 가치를 수치화해 편익으로 산출하기란 결코 쉽지 않다.

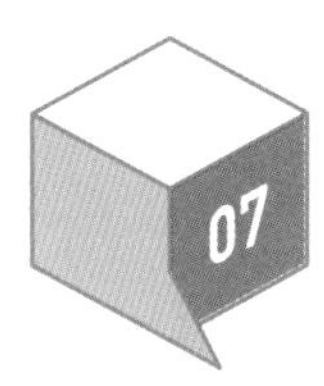

편익의 범위를 좁혀보는 다양한 방법

편익 산출의 어려움을 확인한 경제학자들은 편익을 측정하는 다양한 방법들을 고민해왔다. 그중 하나가 유보가격 방법Reservation price method이다. 여기서 말하는 유보가격이란 소비자가 무언가를 구매하기 위해 지불하고자 하는 최대 금액을 말한다. 록그룹 U2의 음악을 좋아하는 사람이 있다고 하자. 마침 U2의 희귀 음반이 경매로 나왔을 때, 그가 해당 음반을 구매하기 위해 최대 1억 원까지 지불할 의사가 있다면 유보가격은 1억 원이 되는 것이다. 이러한 유보가격을 활용하면 사람들이 특정 경제 행위에 얼마만큼의 가치를 부여하는지, 다시 말해 얼마만큼의 편익을 부여하는지를 쉽게 가늠할 수 있다.

우리가 무언가를 구매하기 위해 돈을 지불하는 이유는 지불한 금액보다 그로 인해 누리게 되는 편익이 더 크거나 최소한 동일

제품과 서비스의 가치는 다양한 기준에 따라 정해진다.

하기 때문이다. 다시 말해 자신이 얻을 수 있는 편익에 대한 대가까지는 지불할 의사가 있지만 이를 넘어서는 대가를 지불하면 손해이기 때문이다. U2 음악을 좋아하는 사람이 1억 원까지 지불할 의사가 있었던 것은 U2의 희귀 음반을 소장했을 때 얻을 만족감이 최대 1억 원은 된다고 판단했기 때문이다.

경제학자들은 이러한 유보가격의 의미에 주목해 우리 사회의 다양한 편익을 계측하는 방법을 고안해낸다. 방법은 비교적 간단하다. 사람들에게 설문조사를 통해 특정 경제 활동에 얼마까지 지불할 의사가 있는지를 물어보는 것이다. 이를 통해 확보된 유보가격에 대한 정보를 바탕으로 특정 경제 활동이 내포하는 전체 편익을 산출하는 것이다. 이것이 유보가격 방법이다.

실제로 많은 나라에서 공공투자 진행 여부를 결정할 때 활용하는 조건부 가치평가법contingent valuation 역시 유보가격 방법을 활용한 것이다. 국립공원을 보호하기 위해 얼마를 지출해야 하는지 혹은 동네 치안을 확보하기 위해 가로등 시설 투자에 얼마를 지출해야 하는지 등을 결정할 때, 유보가격을 활용한 조건부 가치평가법이 도움을 줄 수 있다. 방법은 간단하다. 설문조사를 통해 해당 지역 주민과 이용객들에게 물어보는 것이다. 국립공원을 보호하기 위해 얼마만큼 지출할 의사가 있는지 혹은 거리의 가로등을 추가로 설치하기 위해 지방세를 얼마나 더 낼 생각이 있는지를 물어보는 것이다. 이와 같은 질문을 통해서 주민들이 해당 공공투자로 인해 얼마만큼의 편익을 기대하는지 확인할 수 있다.

이러한 조건부 가치평가법은 시장에서 거래되지 않는 품목들이 다수인 공공 투자 또는 정부 관련 사업의 가치를 추정하는 데 적합하다. 시장에서 거래되는 물건은 사고파는 과정에서 해당 물건에 사람들이 얼마만큼의 가치를 부여하는지를 가격을 통해 쉽게 확인할 수 있다. 하지만 시장에서 좀처럼 거래되는 않는 대상들은 가격 자체가 형성되지 않는 경우가 많다. 따라서 가격을 통해 편익을 추정하기가 어렵다. 이러한 상황에서 유보가격을 물어보는 설문조사는 사람들이 느끼는 설문 대상에 얼마만큼의 편익을 부여하는지 확인하는 가장 손쉬운 방법이다.

다음으로 쾌락가격 분석hedonic pricing analysis이 있다. 이 분석 방법은 우리가 특정 경제 활동을 수행할지 여부를 결정할 때 여러 요인을 동시에 고려한다는 사실에 주목하고, 각각의 요인이 해당 경제 행위를 수행할지 여부에 얼마나 결정적인 역할을 하는지 확인하는 방법이다. 가장 흔히 드는 비유 중 하나는 자동차 구매다. 우리는 어떤 자동차를 구매할지 결정할 때 다양한 요인들을 종합적으로 고려한다. 차량의 가격뿐만 아니라 브랜드, 엔진 성능, 카스테레오 성능, 디자인, A/S 등 다양한 요인들을 종합해 결정한다. 따라서 자동차 판매 회사 입장에서는 우리 회사의 자동차를 구매한 고객이 도대체 어떤 요인 때문에 차량 구매 여부를 결정하게 되었는지를 명확히 알고 싶어한다.

이때 유의미한 방법이 쾌락가격 분석이다. 자동차의 경우에는 다양한 옵션 판매 전략을 통해서 소비자가 어떤 요인에 얼마만큼의 가치를 부여하는지 확인할 수 있다. 예를 들어 다른 모든 조건은 동일한데 엔진 성능만을 높였을 때 소비자들의 반응은 어떻게 달라지는지 혹은 다른 모든 조건은 동일한데 스피커 사양만 올렸을 때 소비자들이 어떻게 반응하는지 비교할 수 있다. 이를 통해 자동차의 각 속성에 소비자들이 지불할 의사가 있는 금액 수준을 확인할 수 있다. 이러한 방법이 쾌락가격 분석이다.

실제로 많은 기업이 제품의 특정 속성이 제품 가격에 미치는 영향을 확인하기 위해 다중회귀 분석multiple regression analysis을 사용하고 있다. 이 역시 제품의 특정 속성을 어느 정도 변화시켰을 때 가격이 어느 정도 변화하는지를 확인하는 방법으로, 쾌락가격 분석의 일종이다. 이러한 쾌락가격 분석은 제품의 성능을 개선하기 위해 얼마만큼의 연구개발 비용을 지출해야 하는지를 판단하는 근거 자료로도 사용된다. 제품 개선을 위해 추가로 투여할 비용과 새로이 개선된 제품을 구매하고자 하는 소비자들의 쾌락가격을 비교하면 되기 때문이다.

다음으로 부가가치 분석value-added analysis이 있다. 경제 활동이 연이어 수행되다 보면, 그 과정에서 새로운 부가가치가 생긴다. 부가가치란 특정 물건을 생산하고 판매해서 얻은 매출액에서 그 생산물을 생산하기 위해 구입한 부품 등 중간 투입물의 구입액을 뺀 금액이다. 예를 들어, 농부가 아무것도 없던 땅에서 밀을 키워 이를 제분업자에게 100만 원에 팔았다면, 이 과정에서 창출된 부가가치는 100만 원이다. 밀을 구매한 제분업자가 이를 밀가루로 만들어 제빵업자에게 300만 원에 팔았다고 가정하자. 이 경우 300만 원의 매출액을 올리기 위해 100만 원의 원료를 구매했기 때문에 부가가치액은 200만 원이다. 이처럼 밀이 밀가루로 바뀌고 다시 빵으로 바뀌는 경제 활동 수행 과정에서 새로운 부가가치가 연이어 유발된다.

부가가치 분석법은 이 점에 주목한 것이다. 특정 경제 행위로 인해 새로이 발생한 부가가치가 있다면 이는 해당 경제 활동으로 인한 편익을 계산할 수 있는 중요한 근거 자료라는 점에서 착안해낸 것이다. 제품 브랜드의 가치를 추정할 때 부가가치 분석법은 유용한 시사점을 제공해준다. 재질과 디자인이 동일한 옷임에도 특정 상표를 옷에 새기면 고가에 판매되지만, 그렇지 않으면 저가에 판매된다는 사실을 우리는 잘 알고 있다. 이러한 가격 차이는 하청업체가 옷을 완성한 뒤 특정 브랜드에 납품하는 과정에서 생긴 부가가치다. 명품 상표를 부착한 옷이 백화점에서 100만 원에 팔리지만, 하청업체가 상표 없이 동대문 시장에서 20만 원에 팔고 있다면, 해당 브랜드의 가치는 부가가치액에 해당하는 80만 원으로 판단할 수 있다.

이상에서 열거한 방법들은 그 나름의 합리성과 논리적 구조를 갖고 있다. 그렇다고 해서 이러한 방식들이 특정 경제 활동의 편익을 정확하고 객관적으로 추정해내기에 충분하다고 할 수는 없다. 비용-편익 분석의 어려움이 여기에 있다.

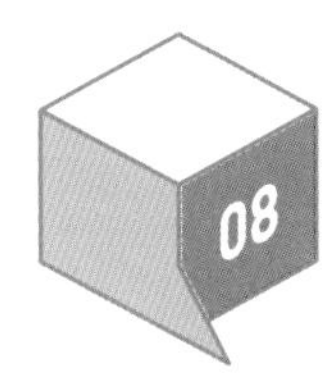

편익 추정 방법들의 공통점은 '불안'

앞서 소개한 일련의 방법 중에서 설문조사를 통해 편익을 추정하는 방법들을 떠올려보자. 설문 대상자들은 해당 경제 행위로 인해 얻게 되는 다양한 편익을 종합적으로 고려해 설문에 응답할 것이기 때문에 나름 신뢰할 수 있는 자료라 생각하기 쉽다. 그러나 MIT의 피터 다이아몬드Peter Diamond 교수는 설문 결과를 무조건 맹신해서는 안 된다고 지적한다. 그는 설문조사의 시점과 방법, 문항 순서 등에 따라 결과가 얼마든지 달라질 수 있다는 사실을 제시했다. 다이아몬드 교수는 조사 결과를 확인하기 위한 흥미로운 연구를 수행한 바 있다.

다이아몬드는 세계적인 보호종인 바다표범과 고래를 보호하기 위해 얼마나 돈을 지불할 의사가 있는지를 설문하면서 질문의 순서를 바꿔보았다. 먼저 바다표범과 고래 순서로 물었을 때는

설문을 통해서 특정 경제 행위의 편익을 추정하는 과정에는 편향성을 유발할 수많은 요인이 잠재되어 있다.

각각 142달러, 195달러가 집계되었다. 그런데 순서를 반대로 했을 경우 고래가 172달러, 바다표범은 85달러로 집계되었다.

다이아몬드 교수는 설문조사를 통해 문의하는 대상을 분리하거나 구분해서 물어볼 때와 구분 없이 한꺼번에 물어볼 때 각각 다른 결과를 얻을 수 있다는 사실 또한 규명한 바 있다. 그랜드캐니언의 경관을 지키기 위해서 얼마를 지불할 생각이 있느냐는 질문을 단독으로 물었을 때와 다른 질문 속에서 세 번째로 물었을 때를 비교한 결과, 단독으로 설문한 결과가 5배 많은 금액으로 집계되었다는 결론을 제시한 바 있다.

또한 비슷한 질문을 연이어 했을 때와 개별적으로 했을 때도 그 결과는 달라진다. 예를 들어 북한산 국립공원, 관악산 국립공원, 계룡산 국립공원을 보존하기 위해 얼마의 비용을 투여해야 하는지에 대한 질문을 한꺼번에 물었을 때와 세 국립공원을 각각 따로 물었을 때의 결과가 상이하다는 것이다. 세 국립공원을 한꺼번에 물어보는 질문에 사람들은 개별 국립공원의 특성을 바탕으로 생각하기보다는 전체 국립공원의 가치를 바탕으로 획일적인 답변을 할 가능성이 높기 때문이다. 이에 반해 국립공원별로 따로 설문조사를 할 경우 당연히 각각의 특수성을 최대한 고려해 답변하게 된다. 이상에서 언급한 내용은 설문을 통해서 특정 경제 행위의 편익을 추정하는 과정에는 편향성을 유발할 수많은 요인이 잠재되어 있음을 짐작하게 한다.

EBS 클래스ⓔ 시리즈 24

박정호의 이기는 창업

1판 1쇄 발행 2021년 12월 28일

지은이 박정호

펴낸이 김명중 | **콘텐츠기획센터장** 류재호 | **북&렉처프로젝트팀장** 유규오
북매니저 박민주 | **북팀** 박혜숙, 여운성, 장효순, 최재진
렉처팀 허성호, 정명, 신미림, 최이슬
마케팅 김효정, 최은영
책임편집 표선아 | **디자인** 김서이 | **인쇄** 우진코니티

펴낸곳 한국교육방송공사(EBS)
출판신고 2001년 1월 8일 제2017-000193호
주소 경기도 고양시 일산동구 한류월드로 281
대표전화 1588-1580
홈페이지 www.ebs.co.kr | **이메일** ebs_books@ebs.co.kr

ISBN 978-89-547-6283-0 04300
978-89-547-5388-3 (세트)